Elogios para

CÓMO TRANSFORMAR LAS ADVERSIDADES EN OPORTUNIDADES

Esta es otra guía de empoderamiento personal escrita por Willie Jolley que te mostrará cómo 'arrancarles victorias a tus fracasos'. Es un manual de sobrevivencia imperecedero y oportuno que expandirá tu visión y te enseñará cómo triunfar donde otros han fracasado. Además te ayudará a desarrollar un conjunto de actitudes y habilidades útiles para convertir tus derrotas en tu fuente de fortuna.

—Les Brown, escritor bestseller, premiado conferencista y personaje ampliamente reconocido en radio y televisión

Esta obra está llena de cambios y retos, de esfuerzo y poder, de significado y éxito. Willie Jolley es una fuente vigorosa de emociones y cuya energía no alcanza a quedar manifestada en esta maravillosa lectura. Cuando abras este libro, recibirás todo el ánimo que necesitas para realizar tus sueños más frustrados. Cuando lo cierres, estarás revitalizado y listo para cambiar tu vida en beneficio propio y en el de quienes te rodean.

—Alan Weiss, Ph.D., autor de Million Dollar Consulting and Thrive!

¡En este libro Willie Jolley 'saca la pelota del estadio' en cuanto al tema del éxito personal, profesional y financiero! Léelo y después reléelo... y luego, cuéntales a otros que lo compraste y lo leíste. ¡Así les ayudarás a construir su propia fortuna!

—Larry Winget, reconocido en el medio televisivo y autor bestseller de *You're Broke Because You Want to Be* y de *Your Kids Are Your Own Fault*

Willie Jolley está comprometido a ayudarle a amasar su propia fortuna a la gente alrededor del mundo ¡y este libro es una prueba fehaciente de ese compromiso! ¡Léelo y te sentirás inspirado y empoderado para aumentar tu éxito y tu fortuna!

—Kelvin Boston, anfitrión de Moneywise, la serie de PBS TV, y autor de *Who's Afraid to Be A Millionaire?*

Willie Jolley ha escrito este libro que te inspirará y te hará sentir deseos de obtener más éxitos y alcanzar más metas. ¡Te recomiendo que lo leas!

—Wally Amos, escritor bestseller, conferencista, pensador positivo y fundador de King Kahula Cookie Company

CÓMO TRANSFORMAR LAS

ADVERSIDADES EN OPORTUNIDADES

7 PASOS PARA
CONVERTIR LOS
PROBLEMAS
FINANCIEROS EN
DINERO CONTANTE
Y SONANTE

Autor de los libros bestseller El Reto y Actitud de Excelencia

WILLIE JOLLEY

TALLER DEL ÉXITO

Cómo transformar las adversidades en oportunidades

Título original: *Turn Setbacks into Greenbacks.*

Publicado por:
Taller del Éxito, Inc.
1669 N.W. 144 Terrace, Suite 210
Sunrise, Florida 33323
Estados Unidos
www.tallerdelexito.com

Editorial dedicada a la difusión de libros y audiolibros de desarrollo personal, crecimiento personal, liderazgo y motivación.

Corrección de estilo: Diana Catalina Hernández
Director de arte: Diego Cruz

ISBN: 9781607388821

26 27 28 29 30 R|GIN 08 07 06 05 04

Contenido

Prefacio... 13

Prólogo 17

Introducción 31

PASO 1 **45**

Toma la decisión... siente la presión, pero no te angusties (porque la presión logra maravillas y el pánico produce desastres)

PASO 2 **75**

No participes sintiendo autoconmiseración deliberadamente

PASO 3 **85**

No permitas que tu orgullo obstruya tu prosperidad

PASO 4 **91**

No dejes de pensar en el poder y las posibilidades del futuro

PASO 5 **109**

Sé proactivo

PASO 6 **135**

Sé creativo

PASO 7 **147**

Ora sin cesar

Conclusión 159

Capítulo adicional 161

Pensamientos finales 189

Les dedico este libro a mis hijos Latoya y William. A los hijos de mi hermano, Víctor, Vincent, Rashida, Vivian, Christina, Noble, Jr. y Nathan, quienes se convirtieron en mis hijos cuando su padre (mi hermano) murió.

¡He hecho lo mejor para enseñarles los principios primordiales para construir una fortuna y oro para que ustedes también los utilicen y los compartan con sus generaciones venideras!

También les dedico este libro a los miembros de mi familia que han estado en transición desde que escribí mi último libro. A mi madre Catherine B. Jolley; a mi hermano Noble Jolley, Sr.; y a mi suegro.

Reverendo Rivers S. Taylor y tía Eunice Ragland… digo esto en privado y también en público: "Soy libre para maldecir puesto que ustedes ya no están, ¡pero decido celebrar por todo lo que ustedes dos me enseñaron! ¡Los amaré siempre!"

AGRADECIMIENTOS

QUIERO AGRADECERLE A MI ESPOSA, DEE Taylor-Jolley, por su constante apoyo e inspiración. También a mis hijos, William y Latoya, por sus aportes a este proyecto. Gracias a mi Gerente de Mercadeo, Cheryl Ragin, por su colaboración para finalizar este libro hasta dejarlo listo para imprimir.

Quiero dar las gracias a los miembros de mi Mastermind Club, Bill Cates, Steven Gaffney, Zemira Jones y Suzi Pomerantz, por sus consejos y aportes cuando comencé a desarrollar el concepto de este libro. Quiero expresarle mi gratitud a mi querida amiga Sam Horn (www.samhorn.com); ella es genial cuando se trata de convertir ideas en conceptos atrayentes. Cuando comencé a trabajar en este tema de ayudarle a la gente a construir su fortuna incluso en medio de una recesión, trastabillé para lograr poner este concepto en un título sucinto y estuve contemplando varias opciones que incluían: "Cómo convertir los fracasos económicos en una fuente de finanzas", "Cómo resurgir de tiempos financieros difíciles", "Cómo abrirse paso en medio de la recesión y volverse millonario" y otros que estaban relacionados con el tema de hacer dinero en tiempos de crisis económicas. Y cuando estaba decidiendo cuál sería el título de mi libro asistí a una cena de redes de contacto que Sam ofreció para algunos de sus amigos, y yo le mencioné mis ideas. Ella me respondió: "Willie, tu libro *El reto* ha generado un concepto que se ha ido volviendo cada vez más popular entre mucha gente alrededor del mundo. Hoy eres muy bien reconocido como el gurú del resurgir financiero debido a tu libro y a tu especial de PBS, *Turning Setbacks into Comebacks,* ¡y todo parece indicar que ahora quieres hablar sobre cómo lograr que la gente se afiance en sus finanzas al enfocarse específicamente en hacer dinero!" Yo le dije: "Sam, ¡estás en lo cierto!" Por eso quiero agradecerle a Sam Horn por su genialidad —y además por disposición para compartirla con los demás.

PREFACIO...

No creo que exista una ley que se encargue de evitar que cualquier ser humano se vuelva rico; si existiera, sería más contraproducente que provechosa. Y mientras no se produzca una guerra debido a las ansias de riqueza, todos deseamos que hasta el más humilde de los hombres tenga la misma oportunidad para enriquecerse como cualquier otra persona.

—Abraham Lincoln

LINCOLN ENTENDIÓ LO QUE MUCHOS NO. En una sociedad como Estados Unidos, creativa y basada en la libre empresa, muchos ciudadanos motivados y con aspiraciones todavía tienen el privilegio de trabajar duro y ahorrar para luego invertir y, en el mejor de los casos, convertirse en empresarios o dueños de un capital con el cual conseguir su fortuna.

El Sueño Americano sigue vigente y tú tienes todo el derecho, e incluso la responsabilidad, de hacer realidad tus sueños. Quienes dicen que estamos en una época en la cual no hay oportunidades, simplemente no saben dónde buscarlas.

Pero tu ayuda ya está aquí y la tienes en tus manos en este instante: es *Cómo trasformar las adversidades en oportunidades*, este oportuno libro de Willie Jolley lleno de información al respecto que te invita a echar mano de tus esperanzas y a no creerles a tus temores; a tener confianza en ti mismo y no en tus dudas; a enfocarte en lo realmente importante —en todo lo que puedes hacer para asegurar tu futuro económico poniendo en práctica los consejos y estrategias que encontrarás a lo largo de esta lectura.

¡Suena demasiado bien para ser cierto! En estos tiempos de constantes cambios e incertidumbre económica resulta ingenuo esperar que alguien te proporcione el estilo de vida y el éxito que deseas. ¡Deja de esperar la ayuda del genio de la botella, de un hada madrina, del gobierno o de los políticos! Desecha la posibilidad de pensar en ti mismo como una víctima —los obstáculos que enfrentas y las respuestas que buscas no provienen de otra gente. Tú tienes lo que se necesita para ser un triunfador resiliente y optimista.

El optimismo no se desarrolla por medio de repeticiones de pensamientos positivos que sirvan de mantra sobre cuál grandiosa es la vida… sin tener evidencia de que sean ciertos. No es cuestión de hiperactividad emocional. Las investigaciones demuestran que el optimismo se va adquiriendo a medida en que enfrentamos obstáculos. Mientras más obstáculos superes, más seguro estarás de tener la capacidad que se requiera para vencer el siguiente reto. Las personas optimistas son gente realista que se empeña en conocer muy bien los problemas que enfrenta porque está convencida de que puede solucionarlos o manejarlos y lograr ser exitosa. Este libro no te dará riquezas, sino que tú mismo tendrás que ganártelas día a día, elección tras elección y acción tras acción.

Esta obra rica en información lo que te provee es un mapa de trabajo garantizado. Aprenderás a desarrollar las habilidades financieras, el plan y las actitudes que necesitas para conseguir tus sueños. Sabrás cómo mantener la esperanza viva cambiando tus sentimientos de frustración y desilusión para convertirte en una persona resiliente, llena de recursos y persistente, capaz de convertir la adversidad y los obstáculos en oportunidades financieras —incluso en esta época tan difícil.

La única persona a la que estás en capacidad de controlar es a ti mismo; así que dedícate a invertir el tiempo que pasas preocupándote aprovechándolo para diseñar un plan compuesto por acciones diarias y constructivas. Todo empresario exitoso te dirá que el camino a la fortuna está lleno de puertas cerradas, contratiempos, fracasos, y también de la satisfacción y el gozo que provienen de triunfar a lo largo del camino. No permitas que nadie te convierta en una víctima; tú eres un triunfador resiliente que está haciendo sus sueños realidad. Hacer una fortuna no debería ser tu meta primordial, sino el producto de transformar tus habilidades y tus ideas innovadoras en una misión que marque la diferencia y por la cual la gente esté dispuesta a pagar. Cuando logres identificar tus dones y tu misión, cuando enfoques tus esfuerzos y adoptes una actitud positiva, ¡la fortuna y el significado de tu vida estarán a la vuelta de la esquina!

Siendo yo conferencista y motivador inspiracional, he visto a Willie Jolley en acción. Sus consejos y perspicaz sentido común son alentadores y empoderan a cualquiera. Él también ha estado en dificultades financieras al igual que tú y ha enfrentado sus propias luchas hasta conseguir éxito tras éxito; por esa razón está preparado para compartir contigo las lecciones que aprendió por el camino.

Willie Jollye no solo informa y energiza; también comunica de maneras que la gente logre entender y apreciar. No veo el momento de poner en práctica todos sus consejos:

- Los malos tiempos llegan, pero pasan; llegan… ¡pero no para quedarse!
- Déjales el pensamiento de víctimas a los demás —si el 10% está desempleado, el 90% está trabajando. Sé tú uno de los victoriosos y no una de las víctimas.
- No hagas lo que sea cómodo —haz lo que sea necesario.
- Sé proactivo ¡Levántate de tus fracasos y sigue adelante!

- El éxito no vendrá a ti —mercadea tu negocio y vende tus productos y servicios hablándole y contándole a la gente acerca de todo lo que tienes para ofrecer.
- ¡Ora y pídele ayuda a Dios!

Lo único que necesitas para que tus sueños se conviertan en realidad es que así lo declares. Inventa algo que sea mejor y que cueste menos. Hazlo mejor o más rápido. Innova y avanza. Si al principio fracasas, levántate y haz nuevas elecciones... y triunfa. ¿Cómo comienzas? Si no estás seguro de qué hacer para comenzar, comienza por hacer algo muy sencillo... ¡lee este libro! A propósito, cuando por fin triunfes, prepárate para escribirle a Willie y contarle lo que te funcionó e hizo que lograras tus sueños. A lo mejor él podría utilizar tu historia como un mensaje para motivar a otros. ¡De pronto hasta llegues a leer acerca de ti mismo en su siguiente libro!

Así que devora este ejemplar y enfócate en convertir tus preocupaciones en oportunidades rentables día tras día. Y no lo leas solo una vez; relee todo aquello que se ajuste a tus necesidades y comparte este nuevo conocimiento con otros y no te olvides de darle al autor el mejor crédito por poner sus ideas en acción con el fin de ayudarte a triunfar. Recuerda que cumplir tus metas financieras es tanto una oportunidad como una responsabilidad.

Terry Paulson, Ph.D., conferencista profesional, columnista a nivel nacional y escritor de *The Optimism Advantage: 50 Simple Truths to Transform Your Attitudes and Actions into Results.*

PRÓLOGO

En el 2008, en medio de la recesión global, un día estaba mirando televisión y escuché una historia en el noticiero acerca de un joven que perdió su trabajo y, al encontrarse sin dinero y habiéndolo perdido todo, tomó la desafortunada decisión de acabar con su vida. Es decir, tomó una decisión definitiva como resultado de un problema temporal. Se quitó la vida a causa de una circunstancia difícil, pero pasajera, y esa decisión ya no tuvo ningún reverso. Yo gritaba y daba voces frente al televisor diciendo: "¡No! ¡Pero si existen muchas opciones!"

Unos días después de escuchar esa noticia supe de otras historias acerca de más personas que también estaban tomando decisiones drásticas acerca de su futuro como consecuencia de su falta de dinero. Fue así como me di cuenta de que necesitaba hacer algo de inmediato para ayudarle a la gente a ver sus fracasos económicos desde una perspectiva distinta, ¡desde un punto de vista positivo! Supe que necesitaba darles esperanzas a otros, incluso en medio de tiempos difíciles. Además, sabía que contaba con información que, no solo les ayudaría a hallar un nuevo aliento, sino a encontrar soluciones a su desespero financiero.

Decidí contactarme rápidamente con algunos amigos de la industria editorial y les pregunté si estarían dispuestos a cambiar las fechas ya programadas para sus siguientes publicaciones con el fin de agregar un libro más al calendario y me sorprendí gratamente al obtener un "sí" inmediato. Entonces me dediqué a trabajar, a terminar lo más pronto posible y en tiempo récord este manuscrito.

A los seis meses el libro estaba terminado, puesto en los estantes de las librerías y agotado. Y en un abrir y cerrar de ojos había escalado a altas posiciones en las listas de los más vendidos.

Sin embargo, después de la recesión, cuando la economía volvió a la normalidad, me di cuenta de que mi nivel de cartas y correos electrónicos con respecto a situaciones financieras no cesaba. Muchos continuaban escribiéndome para hacerme preguntas y pedirme que les ayudara a poner sus finanzas en orden porque seguían teniendo problemas económicos y fracasos financieros y necesitaban ayuda. Aprendí que, aunque la economía global había mejorado, ese hecho no significaba que la economía de cada individuo también estuviera mejor. Así que decidí revisar y actualizar la versión del libro para ayudarles a aquellos que están enfrentando dificultades económicas sin que importe en qué nivel de su fracaso financiero se encuentran. ¡Esta es la versión revisada del libro que diseñé para ayudarte a convertir tus tropiezos en el área financiera en fortuna y éxitos! De hecho, este es el libro diseñado especialmente para ayudarte a convertir esos fracasos ¡en dinero contante y sonante!

El dinero cuenta

Si has tenido y perdido tus recursos financieros —tu trabajo, tu vivienda o tus ahorros— y esa realidad te hace pensar que estás a punto de perder también tu cordura, ¡entonces este libro te ayudará! Y si no has tenido ningún reto con respecto al dinero, también te recomiendo esta lectura porque, si vives lo suficiente, en algún momento enfrentarás este tipo de dificultades.

¡Quiero decirte que este libro habla de dinero! El dinero juega un papel importante en nuestras actividades diarias, desde lo que comemos hasta donde dormimos y el nivel de comodidad del cual disfrutamos en la vida. El dinero es importante. Hay quienes dicen que el dinero hace girar el mundo ¡y yo no niego que sea importante! Por lo tanto, necesitamos hablar del tema y ayudarle a la gente a desarrollar una perspectiva sana del dinero y de cómo prosperar inclusive en medio de tiempos difíciles. Necesitamos hablar de los recursos financieros y de por qué es importante, no solo convertir nuestros fracasos en éxitos, sino también en dinero contante y sonante.

Prefacio

"¡Dinero, dinero, dinero, dinero... dinero!" Esa es la letra de una canción muy popular titulada *For the Love of Money* (*Por amor al dinero*), de O'Jays. La canción fue un éxito masivo en la década de 1970 y todavía hoy sigue siendo popular. De hecho, fue la canción elegida para ser el tema de apertura del conocido programa de televisión *El aprendiz*, en el cual los participantes compiten para trabajar con la la esperanza de hacer mucho, ¡pero mucho dinero! Enfrentémoslo: el dinero es un tema popular en la música actual y también en los medios; existen programas como *Fast Money, Mad Money, Who Wants to Be a Millionaire* y *¿Who Wants to Marry a Millionaire?* Hay en el mercado revistas y periódicos dedicados por entero al tema del dinero —cómo conseguirlo, ahorrarlo, invertirlo—, todo lo que quieras saber al respecto. El dinero es una parte importante de la cultura a nivel mundial.

Sin embargo, es muy popular decir que "¡el dinero no lo es todo!". Con respecto a esto quiero decir que estoy de acuerdo con que no lo es todo, pero... sí es muy importante —¡MUY importante! Cuando las circunstancias se dificultan, el papel del dinero como una parte vital para nuestra subsistencia se hace aún más evidente. Sin lugar a dudas, el dinero es importante y debemos hablar de él y desarrollar las habilidades para generarlo y saberlo administrar.

¿Es realmente necesario hablar de dinero?

A lo largo de los años ha habido varias ocasiones en las que hay quienes se me han aproximado después de una de mis conferencias para preguntarme por qué debo hablar sobre dinero y argumentan que la vida es mucho más que el dinero. Mi respuesta al respecto siempre es la misma: ¡No podría estar más de acuerdo! ¡La vida es mucho más que simplemente dinero!

En mis libros anteriores ya he dicho lo que voy a decir a continuación: el dinero es una herramienta poderosa que motiva, ¡es un gran inspirador! El dinero logra que la gente que se siente motivada a conseguirlo quiera levantarse más temprano y permanecer despierta más tarde que los demás. El dinero motiva a muchos a ir a donde no quieren, a hacer cosas que no les gusta y a aceptar trabajos que detestan, pero que les sirven para avanzar hacia sus metas. ¡Pero el dinero no es el agente motivador más importante de todos! Estoy de acuerdo en que sí es motivante, pero el amor lo es todavía más. Imagínate el siguiente escenario:

Una persona viene y te ofrece $1.000 dólares para que camines sobre una tabla que tiene 100 pies de largo por 2 de ancho y que además está puesta en el suelo. Todo lo que tienes que hacer es caminar sobre ella de un extremo al otro. ¿Lo harías por $1.000 dólares? Yo espero que digas que sí porque sería muy fácil ganártelos. Ahora, digamos que esa misma persona tomó la tabla y la puso en la cima de un rascacielos de 100 pisos. (Lo mejor será que les ponga a los $1.000 dólares un ladrillo encima para evitar que el viento se los lleve). ¿También caminarías sobre la tabla de un extremo al otro a sabiendas de que está a 100 pisos del suelo y que te ganarías los $1.000 dólares? ¡Muchos responden que no!

Acto seguido, piensa por un momento en alguien a quien amas, tal vez uno de tus padres, un hijo, un hermano o tu mejor amigo. Imagínate que esa persona que quiere que camines por esa tabla ubicada en el último de los 100 pisos de ese edificio estuviera sosteniendo a tu ser amado al otro extremo de la tabla y te dijera que, si no la atraviesas, lo lanzará al vacío. ¿Estarías dispuesto a atravesarla? ¡La mayoría de la gente me ha contestado que sí! Sin lugar a dudas, la respuesta ha sido: "¡Sí!" Esto demuestra que la gente está más dispuesta a actuar por amor que por dinero. Es indudable que el dinero no lo es todo.

La vida es acerca de la familia, los amigos y la fe; sin embargo, cuando estamos cortos de dinero, se nos convierte en una gran preocupación. Para la mayoría de la gente el dinero es importante, pero no es el centro de su atención. No obstante, cuando llegamos a un punto en el que no tenemos nada de dinero, entonces este se convierte en un asunto predominante que ocupa gran parte de nuestros pensamientos.

He notado que quienes dicen que el dinero no es importante son aquellos que lo tienen o que por lo menos saben con qué van a comprar su siguiente mercado y no están preocupados porque vayan a perder su casa. Pero, si no tienes dinero para comer, ni sabes dónde dormirás esta noche, el dinero se convierte en el tema más importante de tu vida. La única gente a la que en realidad no le preocupa el dinero es aquella que ha hecho un voto de pobreza y cuyas creencias teológicas sostienen que la pobreza es una virtud. Muy pocas veces he obtenido ese punto de vista puesto que el 98% de la gente con la que hablo después de mis conferencias está buscando maneras de incrementar sus ingresos para ayudarles a sus familias a tener un mejor estilo de vida o busca ideas para crear una nueva fuente de ingresos.

Quiero decirte desde ya que este libro hablará sobre dinero y sobre cómo conseguirlo incluso durante épocas difíciles para el sector financiero. Quiero hablar sobre el hecho de que el dinero es una parte importante y necesaria dentro de nuestra sociedad. Algunos sienten que el dinero no es importante, ni debe ser tema de conversación. Otros sienten que el dinero es malo y que es "la raíz de todos los males", aunque en realidad las Escrituras dicen que "el amor al dinero" es la raíz de todos los males. Cuando el dinero se convierte en tu dios, es allí cuando pasa a ser una motivación malévola. Por lo general, tener dinero no es el problema; ¡el verdadero problema surge cuando el dinero se apodera de ti!

Si el amor al dinero es la raíz de todos los males, entonces la falta de dinero es la causa de que el árbol de la maldad germine y crezca. En tiempos de dificultades económicas vemos que el dinero —y la falta de él— causa altos niveles de ansiedad y aflicción que hacen que las personas cometan actos terribles. Cuando el dinero escasea, afecta todo aspecto de tu vida y de tu estilo de vida. Y cuando escasea a nivel de comunidad, afecta cada parte de ella y de su cultura, desde la cantidad de dinero que la gente invierte en recreación hasta lo que ofrenda en la iglesia. Nadie está inmune a las dificultades financieras. Cuando la gente no tiene dinero, o tiene miedo de gastar el que tiene, el sector financiero e incluso países enteros se vienen abajo. Durante tiempos difíciles es cuando quedan al descubierto quiénes son los lobos vestidos de ovejas en épocas de abundancia.

Bernie Madoff es un ejemplo perfecto de un lobo vestido de oveja que se aprovechó de los ahorros de toda la vida de miles de gentes trabajadoras que invirtieron todo lo que tenían con él. Como todos sabemos, él estaba al frente del esquema Ponzi más grande de la Historia.

Durante épocas de escasez la gente se asusta y deja de gastar su dinero por ejemplo en carros y viviendas, lo cual tiene un impacto en los sectores que construyen y venden casas y carros, y quienes trabajan en estas industrias tienen menos dinero para adquirir artículos de primera necesidad. Y el ciclo continúa de tal manera que al final toda la gente termina afectada. La falta de dinero puede llegar a tener un impacto sobrecogedor en cualquier sociedad. El dinero no lo es todo, pero es muy importante en la vida. Como Rita Davenport sostiene: "El dinero no lo es todo… ¡pero nos permite respirar mejor!"

A veces los tiempos de escasez no tienen nada que ver con la economía mundial, sino con tu economía personal. En otras palabras, habrá momentos en donde la economía sea saludable y sin embargo tú estés afrontando dificultades y necesites recuperar tu estabilidad económica. De cualquier manera, ya sea que hayas perdido tu dinero o que no lo tengas, las adversidades financieras juegan un papel muy importante en tus niveles de estrés y en tu salud y bienestar.

¿Por qué es importante tener buenos recursos financieros?

"El dinero no puede comprar la felicidad,
pero la pobreza, tampoco".
—Leo Rosten

Hago esta pregunta porque muy en el fondo muchas personas se preguntan a sí mismas cómo tener más dinero, pero solo unas pocas buscan la respuesta y todavía más pocas están dispuestas a actuar para conseguir su propia fortuna. Si yo preguntara: "¿Quién quiere ser millonario?", la mayoría de la gente diría: "¡Yo!". Y quienes contestaron afirmativamente sí quieren en realidad volverse millonarios, pero solo muy pocos trabajan para lograrlo porque para ellos la riqueza es la manera de conseguir una vida lujosa y extravagante y no simplemente llevar una sobrevivencia diaria. En contraste, yo digo que la fortuna no es cuestión de extravagancia ni de vivir con el máximo de lujos, sino de llevar una clase de vida que te ofrezca a ti y a tus seres queridos las mejores oportunidades de salud y longevidad. La mayoría de la gente quiere ser rica, pero muy pocos han decidido que también es *importante* lograr serlo. ¡Yo digo que es trascendental ser rico! ¿Por qué? Porque el dinero nos da opciones en muchos aspectos primordiales de la vida incluyendo vivienda, cuidado de la salud y nivel de educación. A medida que viajo alrededor del mundo haciendo mis conferencias conozco con frecuencia gente que dice que quiere tener más dinero y sin embargo no ha decidido tomar las acciones necesarias para lograr ese ingreso adicional que tanto desea. Estas personas no entienden que el dinero produce longevidad porque la falta de dinero tiene un impacto negativo en su paz mental y en sus niveles de estrés. Las estadísticas muestran que la gente de escasos recursos tiende a tener una vida más corta debido a la falta de acceso a programas de prevención de la salud, de ejercicio y del cuidado adecuado de la salud.

Hace unos años escuché una historia de un chico que desarrolló un extraño alargamiento en una de sus piernas. Su mamá lo llevó a su proveedor de salud y allí el doctor lo examinó y su diagnóstico fue que el niño padecía de una rara enfermedad. Su recomendación fue amputarle la pierna hasta la rodilla.

La madre se preocupó puesto que su hijo era un talentoso jugador de fútbol. Ella quería saber qué otras opciones tenía para solucionar la situación. Cuando el doctor le informó que la amputación era la manera más eficiente de manejar esa extraña enfermedad, la mujer le preguntó si era posible obtener una segunda opinión y se dispuso a llevar a su hijo a otro médico.

El segundo doctor lo examinó y llegó a la misma conclusión: amputarle la pierna hasta la rodilla era la forma más eficiente de manejar la situación. La madre volvió a explicar que el niño era un talentoso atleta y amaba correr y hacer deporte, y que aspiraba a que hubiera otras opciones que no fueran la amputación. El doctor se frunció de hombros y le dijo: "Lo siento, pero esa es la manera más eficiente de manejar esta situación".

Entonces la madre comenzó a investigar y descubrió que la enfermedad no era mortal, aunque sí era muy seria, y que la amputación no era la única opción, así que llamó a su aseguradora para obtener otra opinión respecto al asunto y allí le informaron que el plan de salud que ella tenía cubría solo dos opiniones médicas respecto a un mismo caso médico. Ante esa respuesta ella le contestó a la persona al otro lado de la línea telefónica: "Le agradezco su franqueza, pero yo tengo un dinero ahorrado así que buscaré otras opciones por mi propia cuenta".

La madre buscó en internet y encontró un especialista en Baltimore, Maryland, y de inmediato se contactó con su consultorio para pedir una cita. Y, debido a que él no hacía parte de su plan de salud, ella tuvo que pagar la consulta por su propia cuenta diciéndose a sí misma: "Tengo unos ahorros, así que pagaré esa consulta" y acto seguido viajó con su hijo a Baltimore. Durante la consulta el especialista pasó una buena cantidad de tiempo examinando al niño, y cuando terminó, dijo: "Estoy seguro de que le dijeron que la amputación era la mejor manera de solucionar este caso, pero yo no estoy de acuerdo. Esa es la manera más eficiente y efectiva de manejarlo en cuanto a costos se refiere, sin embargo, no es la única ni la mejor forma de afrontarlo". Luego, continuó: "Yo puedo salvarle la pierna a su hijo. No va a ser barato, pero puedo salvársela". El doctor le hizo el tratamiento que creyó conveniente y, efectivamente, le salvó la pierna al niño.

Este es solo un ejemplo de que sí, que aunque el dinero no lo es *todo*, nos da opciones.

Todo lo anterior genera una pregunta bastante interesante: ¿Cómo manejamos nuestros niveles de ansiedad cuando nos damos cuenta de que estamos cortos de dinero? La respuesta a esta pregunta se encuentra más adelante en esta lectura… junto con las claves para sobrevivir, no solo a las circunstancias financieras difíciles, sino también a las prósperas. Es correcto, ¡a las *prósperas*! Te llevaré por un recorrido que te muestre cómo manejar tus fracasos económicos —tanto a nivel financiero como mental; que te indique qué necesitas hacer para enfrentar tus temores financieros y ser un vencedor a pesar de la situación económica que estés afrontando. Toda esta información te ayudará a adquirir una actitud de triunfador con respecto al dinero.

Ya mencioné anteriormente que la manera de lidiar con el dinero y la actitud hacia él tienen un gran impacto en nuestra vida financiera, especialmente durante tiempos difíciles. Ni siquiera se necesita afrontar un total desastre para que la gente se deprima y se sobrecargue frente a las dificultades que suelen producir los tiempos difíciles. Sin embargo, es posible convertir los fracasos económicos en una ventaja a nuestro favor para posicionarnos y prepararnos para obtener éxitos importantes y bienestar económico. ¡Este es *tu momento* para volverte millonario!

Las depresiones y recesiones, la desaceleración económica, o el simple hecho de estar quebrado y tener más deudas que dinero, todo esto solo nos lleva a un mismo punto: ¡NECESITAMOS DINERO! Es importante y mucha gente, no solo lo necesita, sino que necesita bastante —sobre todo cuando hay hijos. ¡Ahí sí que se necesitan ENORMES CANTIDADES DE DINERO!

Hubo un tiempo en mi vida en el que pude haber dicho: "El dinero no es lo más importante, ¡lo realmente importante es el amor de la familia y los amigos!" Pero he aprendido a lo largo de los años que esa era solo la mitad de la verdad. Después de todo, el amor de los amigos y la familia sí es lo más importante. Todos sabemos que, cuando lleguemos a los últimos días de nuestra vida, no pensaremos en el dinero que tenemos, sino en el amor de nuestros amigos y familiares. Sin embargo, sin dinero, ese último día podría llegar mucho antes de lo que pensábamos. Tener dinero no nos garantiza una vida más larga, pero las estadísticas muestran con total claridad que la gente con buenos recursos económicos tiende a vivir más tiempo que quienes no los tienen.

En mis libros anteriores he hablado sobre la importancia de los amigos y de la familia, y de cómo debemos nutrir esas relaciones porque, cuando todo esté dicho y hecho, ellos serán la parte más importante de nuestra vida. Todavía sigo pensando lo mismo, pero el dinero debe estar en nuestra lista de asuntos importantes o, de lo contrario, esas mismas relaciones se verán afectadas. Cuando llegan los malos tiempos y uno tiene hijos para sostener y cuentas por pagar, se hace más consciente de que el dinero sí es en verdad muy importante. He observado que, mientras más difícil se pone la economía, mayor es el enfoque en el dinero, así que enfrentemos las malas rachas y aprendamos a atravesarlas y a encaminarnos hacia el bienestar económico.

Como dije anteriormente, el tema del dinero permea nuestra cultura; es imposible escapar de este asunto porque el dinero está en todas partes. Está en nuestra literatura y en nuestras revistas. Lo vuelvo a decir: existe incluso una revista llamada *Money Magazine*. Hay muchos periódicos, como por ejemplo *The Wall Street Journal*, que se enfocan en el dinero y en las noticias financieras. E incluso mi libro favorito, el más vendido de todos los tiempos, la Biblia, habla de dinero más de 2.300 veces. En el libro de Eclesiastés, capítulo 10:19, la traducción de Peterson dice: "La risa y el pan van de la mano y el vino le da sabor a la vida. ¡Pero es el dinero el que hace que el mundo gire!" Según Howard Dayton, Gerente Ejecutivo de Crown Financial Ministries, el 15% de todo lo que Jesús dijo estaba relacionado con el dinero.

Y en el libro de Deuteronomio, capítulo 8:18, la Biblia dice: "Y acuérdate del Señor tu Dios porque es Él quien te da el poder para hacer riquezas, a fin de confirmar su pacto que juró a tus padres, como en este día". Esto significa que Dios nos da el poder y la habilidad para hacer riquezas, pero esas riquezas deben ser para cumplir con su pacto, el cual es ayudarles a los demás. Yo creo que Dios quiere que sus hijos tengan fortuna, y que Él nos ayuda a volvernos ricos, siempre y cuando estemos dispuestos a ser buenos administradores de esas riquezas y demos muestras de estarlas utilizando sabiamente.

Mi meta es ayudarte a conseguir dinero y a que construyas tu propia fortuna. Pero no solo quiero que tengas una fortuna financiera, sino que también seas afortunado en cuanto a tus relaciones familiares y personales. Deseo ayudarte a que te levantes de tus fracasos económicos y los conviertas en éxitos —de hecho, ¡me encantaría que convirtieras todas esas derrotas financieras en dinero contante y sonante!

Antes de comenzar de lleno en el tema de este libro creo que es muy importante para mí compartir contigo un poco acerca de mí. Soy un conferencista motivacional e inspirador; también soy cantante y conduzco programas de radio y televisión; fuera de eso soy escritor y he sido bendecido al lograr escribir libros y crear programas que se han convertido en *bestsellers* alrededor del mundo. Durante el último cuarto de siglo me he dedicado de lleno a aprender tanto como sea posible sobre el éxito y a compartir ese conocimiento con millones de personas a través de mis conferencias, libros, programas de radio y televisión, columnas en los periódicos, mi música, por internet, a través de correos electrónicos y de otros foros —incluyendo *Willie Jolley Wake-Up Call*. He tenido la oportunidad de hacer amistad con numerosos millonarios y billonarios y he aprendido lecciones increíbles de ellos con respecto a la vida y al éxito. Además, quiero que sepas que, aunque este libro trata de finanzas y de cómo convertirse en una persona adinerada, toda esa información es secundaria puesto que lo más importante que compartiré contigo en este libro está enfocado en cómo crecer desde el punto de vista personal y cómo hacer para que este crecimiento se manifieste en el aspecto financiero de tu vida de tal manera que te genere el éxito y la estabilidad financiera que tanto deseas.

Quiero ser enfático al afirmar que estoy agradecido de vivir en una época en la que tengo toda la libertad del mundo para hablar acerca de mi fe, de mi familia y de mis opiniones acerca del dinero. También soy enfático al decir que estoy a favor de Dios, de la familia y de la libre empresa. Le doy gracias a Dios por la vida y por las enormes bendiciones que Él me ha dado. Y de todo aquello por lo cual estoy agradecido, lo más importante para mí, además de mi fe, es mi familia. A medida que vamos haciendo malabares para cumplir con las muchas responsabilidades propias de la vida necesitamos asegurarnos de estar dándole un cuidado y atención especial a la "vasija" donde se encuentra guardada nuestra familia porque es hecha de vidrio, mientras que las demás vasijas que componen la vida están hechas de caucho. Si se te cae cualquiera de ellas, rebotará; pero, si sueltas aquella donde se encuentra tu familia, esa sí se hará pedazos y muchas veces será imposible volver a juntarlos. Así que te recomiendo que tengas un cuidado muy especial con esa vasija porque es muy preciosa y frágil a la vez.

Para terminar, insisto en que estoy a favor de la libre empresa. Creo que vivimos en un tiempo y en un lugar en donde todo es posible, ¡y que es el nivel de tu pensamiento el que, en últimas, determina el mayor nivel de impacto sobre tus finanzas! Por lo tanto, te recomiendo que sueñes en grande, que pienses en grande, que hagas en grande, y te deseo que, ¡también en grande, recojas los beneficios!

Ahora que sabes cuál es mi punto de vista comprenderás lo que diré y por qué lo diré, y te será más fácil tomar toda esta información en beneficio de una mejor manera de vivir. Así que ¡comencemos! ¡Pensemos *en grande*! ¡Convirtamos todos estos fracasos en dinero contante y sonante!

INTRODUCCIÓN

Secretos para convertir los fracasos en oportunidades para triunfar

TODOS TENDREMOS FRACASOS EN LA VIDA —no quizá, no de pronto, ¡sino que los tendremos sin lugar a dudas! Todos afrontamos fracasos en algún momento de nuestra existencia. Pero, antes de hablar sobre cómo convertir esos fracasos en dinero contante y sonante, pienso que necesitamos revisar cuáles son las bases para convertir los fracasos en triunfos. En mi libro *A Setback Is A Setup For A Comeback* entrevisté gente que tuvo unos fracasos increíblemente estrepitosos y sin embargo fue capaz de convertirlos en éxitos impresionantes. Algunas de las personas acerca de las cuales escribo eran famosas, como por ejemplo Lee Iacocca, Wally Famous Amos y Les Brown. Ellos eran famosos, pero... ¿y qué decir de todos aquellos que a lo mejor no son famosos o que no han tenido mucho dinero? ¿Aplicarían estos principios también a ellos? Las respuestas a estas preguntas es un resonante "¡Sí!" De hecho, las historias que más me han inspirado fueron aquellas de gente común y corriente que ha tenido fracasos y supo convertirlos en grandes éxitos.

Por ejemplo, aquel joven que entrevisté que tenía un pequeño negocio y dos hijos que mantener, y sin embargo, no lograba proveer lo necesario para su familia. Fueron tantos los inconvenientes con su negocio que se fue a bancarrota. Perdió su casa y terminó viviendo en las calles, pero ese no fue el final de su historia porque este valeroso hombre lo intentó de nuevo y esta vez ¡logró triunfar! Su recuperación fue increíble. Logró construir una empresa llamada DaMark, una de las compañías de mercadeo más grandes de América.

O qué tal el caso de una señora que entrevisté, Doris Deboe, una maestra de matemáticas de noveno grado que fue diagnosticada con cáncer y le dieron solo unos pocos meses de vida. Doris se sintió devastada cuando supo el diagnóstico, pero ella se aferró a la idea de que no moriría y miró a los doctores a los ojos y les dijo: "No pienso morir pronto. ¡Voy a vivir 25 años más porque tengo demasiados niños a quienes enseñarles!" Me siento feliz de poder decir que celebré junto a ella su cumpleaños número 83, y que, cuando ella murió, no fue de cáncer (ya que lo combatió cuatro veces), sino de vejez... Le dediqué unas palabras durante su funeral celebrando su vida y la manera en que ella cumplió con su meta de combatir el cáncer. Doris vivió más de 25 años después de que los doctores le dieron seis meses de vida. En mi libro *A Setback Is A Setup For A Comeback* comparto una frase poderosa que ella me dijo. Me pidió: "Cuéntales a tus lectores que yo tenía cáncer, ¡pero que el cáncer no me tenía a mí! Cuéntales también que los doctores te dan el diagnóstico, ¡pero es Dios quien te da la vida!"

También entrevisté a una mujer que estaba en un punto de su carrera profesional que la llevaba a ascender por la escalera corporativa, pero justo antes de alcanzar la cima fue despedida debido a su edad. Después de haberle dado gran parte de su vida a la empresa ella se sintió devastada cuando la despidieron. Y aun así, no se rindió y siguió luchando —y con el paso del tiempo regresó a la empresa... pero ¡para comprarla!

A lo largo del libro compartí historia tras historia de gente que tuvo fracasos y los convirtió en éxitos. Fue así como me di cuenta de que existía un patrón común en todas aquellas historias compuesto por cuatro elementos: el poder de la visión, el poder de la decisión, el poder de la acción y el poder de la convicción propia.

1. El poder de enfocarte en tu visión

"Donde no hay visión, el pueblo perece..."
—Proverbios 29:18

Donde pongas tu enfoque y tu energía, determinará tu destino. Si te enfocas en el fracaso y en los retos que te trajo, no lograrás avanzar efectivamente hacia donde te dirigías. En cambio, cuando enfocas tu visión en lo que quieres lograr —a pesar del fracaso— entonces sí estás viendo y entendiendo ese fracaso de la manera adecuada: como un periodo de transición.

Debido a que todos enfrentaremos en determinado momento alguna especie de cambio o retraso es importante tener la habilidad de pasar por encima de los obstáculos y planear estrategias futuras. Y con el fin de adquirir un nuevo enfoque en tus metas, hazte las siguientes preguntas:

- ¿Cuál es la perspectiva completa que tengo sobre mi futuro?
- ¿Qué debo hacer diferente para prevenir que este fracaso vuelva a ocurrir?
- ¿Qué metas (ventas, desarrollo de un producto, retención de clientes, etc.) quiero lograr en mi negocio durante los siguientes 3, 6 y 12 meses?
- ¿De qué manera voy a utilizar este fracaso como un aprendizaje?

Utiliza estas respuestas como una guía para desarrollar un nuevo enfoque en tus metas y en tu negocio.

2. El poder de tomar una decisión

Tanto el éxito como el fracaso son decisiones. Una vez enfocas tu visión, necesitas decidir que ganarás a pesar de los fracasos. La verdad es que la gente de negocios exitosa elige ser exitosa. Ellos entienden que tanto las decisiones como las elecciones son partes integrales de la fórmula del éxito. No importa qué clase de fracasos encuentren, ellos deciden sobreponerse y persistir.

Las decisiones que tendrás que tomar con respecto a tu negocio para sobreponerte a los fracasos incluyen:

- *¿Quiénes son mis consejeros?* Los consejeros negativos que se enfocan en los fracasos no te ayudarán a sobreponerte. Necesitas decidir que te asociarás con gente positiva que comparta tu visión.
- *¿Es mi nueva meta lo suficientemente importante?* Solo por el simple hecho de que hayas tenido un fracaso no significa que tengas que comenzar todo de nuevo. Toma la decisión de mirar tu perspectiva completa y luego retoma el camino hacia conseguir tu meta.
- *¿Qué pasos necesito dar para cumplir mi meta?* Planea y decide de manera específica lo que harás para llegar a donde te lo propones. Por ejemplo, si tu propósito es incrementar las ventas en un 33%, escribe lo que necesitas hacer para cumplirlo y ponle un tiempo límite real que te permita llegar a ese punto.

3. El poder de la acción

Una decisión sin acción es simplemente una ilusión, y una acción sin visión es tan solo una confusión. Sin embargo, una visión acompañada de una acción decisiva tiene el poder que se requiere para cambiar el mundo.

Una vez hayas decidido de qué manera vas a afrontar los diversos factores que se requieren para convertir la visión que tienes de tu negocio en una realidad debes actuar enfrentando cada uno de ellos. Infortunadamente, mucha gente de negocios jamás actúa basada en sus decisiones, y, aunque tiene todas las intenciones de convertir su sueño en realidad, le falta la determinación y persistencia necesarias para actuar.

Cuando actúas basado en una decisión, también estás adquiriendo responsabilidad frente a la posibilidad de un fracaso. La palabra decisión proviene del griego que significa "cortar". Es decir que, cuando estás haciendo una in-cisión, lo que estás haciendo es "cortando para abrir". Y cuando estás tomando una decisión, estás "¡cortando para cerrar!" Toma la decisión y enfrenta la responsabilidad de "cortar y cerrarles el paso" a aquellas personas, lugares y circunstancias que te mantienen alejado de hacer tus sueños realidad. Una vez te hayas responsabilizado de tus acciones, ya estarás listo para continuar tu camino y avanzar hacia la siguiente meta. Recuerda: es posible que no seas responsable por los golpes que recibas, pero sí eres responsable de volverte a poner en pie. Solo aquellos que actúan, consiguen sus metas.

4. **El poder de la convicción**

La convicción propia es el grado de energía que estás dispuesto a invertir para alcanzar tu meta. En otras palabras, ¿qué tanto de verdad deseas que tu negocio se sostenga y qué estás dispuesto a hacer para prosperarlo?

Imagínate que te llevo a un estadio bien grande y te digo que en alguna parte de ese campo de fútbol está enterrado $1 millón de dólares —y después te alcanzó una pala. ¿Estarías dispuesto a cavar? La mayoría de la gente diría que sí. Yo creo que, aunque nadie tenga ni la menor idea de dónde comenzar a cavar ni qué tan profundo hacerlo, la mayoría de la gente estaría dispuesta a intentarlo con tal de ganarse $1 millón de dólares. De hecho, vemos en los programas de televisión que mucha gente come gusanos y hace cosas por el estilo con tal de ganar dinero; así que, es por eso que supongo que cavar en un campo de fútbol no sea una labor tan difícil de hacer. La cuestión es que tú estés dispuesto a cavar con la firme convicción de que existe un premio por tus esfuerzos, pero debes tener la determinación necesaria para cavar y mantenerte en la lucha hasta alcanzar tu meta. ¡Lo mismo sucede con respecto a la vida! Hay millones de dólares en el mundo con tu nombre escrito en ellos, esperando por ti... pero, para adquirirlos, necesitas tener determinación y ser persistente —¡debes seguir cavando!

Mucha gente que decide actuar se rinde rápidamente porque le falta el deseo de continuar —ya sea porque una nueva idea los distrae y se desenfocan o porque se enfrentan a un fracaso menor y se sienten desilusionados. Pero, para alcanzar tus metas es necesario que te convenzas de que necesitas el deseo constante y persistente de continuar trabajando incluso si esto implica algún grado de riesgo. Y aunque tomar riesgos suena intimidante, sobre todo después de un fracaso, el riesgo es un ingrediente necesario para alcanzar esa nueva meta. Convertir tus fracasos en éxitos implica tener iniciativa y actuar. Y las iniciativas y las acciones siempre generan riesgos: sin valentía no hay gloria —sin riesgos ¡no hay recompensas! Progresar siempre lleva consigo un riesgo. Jamás llegarás a la segunda base, si tienes miedo de dejar la primera.

Decide qué tanto quieres alcanzar tu meta y luego mantente en marcha hasta llegar a ella. Recuerda: el fracaso no es cuestión de una "probabilidad", sino cuestión de "tiempo". Y, cuando te ocurra, necesitas tomar la decisión consciente de verlo, no como un problema, sino como una oportunidad para aprender. Debes decidir lo que vas a hacer para superarlo y enfocarte en la solución.

Como escribí anteriormente, a medida que entrevistaba gente para escribir *A Setback Is A Setup For A Comeback* observé que existía ese patrón consistente —visión, decisión, acción y convicción— a lo largo de todas las historias que escuchaba y decidí investigar más sobre cuáles pasos podríamos implementar en nuestras actividades diarias para convertir los fracasos en éxitos. Fue así como identifiqué un programa de 12 pasos que convirtiera ¡tus fracasos en éxitos!

Esos 12 pasos son:

1. Revisa tu perspectiva. ¡Lo que ves es lo que obtienes! No es solo ver para creer, ¡sino que creer es la clave para llegar a ver!
2. Mantén una buena actitud. Life 101 afirma: "Unos días, tú eres el parabrisas, y otros días, ¡tú eres el insecto!" La vida cambia —todo mundo enfrenta fracasos, pero es tu actitud la que marcará la diferencia.
3. Enfócate en tus metas. Si tu sueño es lo suficientemente grande, los problemas que enfrentes no importarán. Mientras más grande sea tu sueño, mayor será la recompensa.
4. Enfrenta las decisiones difíciles. Ahora que has tenido un fracaso ¿qué vas a hacer al respecto? Lo que realmente cuenta no es tanto lo que te ocurra, ¡sino de lo que hagas frente al asunto!
5. Decide ser siempre positivo. La gente positiva tiende a vivir más ¡y a disfrutar más!
6. Para y piensa. Retrocede, analiza, observa y concluye. Mira qué opciones tienes. Siempre tendrás opciones, pero la clave del éxito es tomar sabias decisiones.
7. Actúa. A lo mejor habrá a tu alrededor "luces y cámaras", ¡pero nada pasará hasta que actúes! Muchos hablan de sus sueños, pero solo aquellos que actúan en función de lograrlos podrán convertirlos en realidad.
8. Responsabilízate. Enfrenta, haz seguimiento, borra y remplaza. Primero, enfrenta el problema. Segundo, hazle seguimiento y aprende de la situación. Tercero, bórralo, sácalo de tu mente. Y por último, reemplázalo —remplaza lo negativo con algo positivo e inspirador.
9. Canaliza tu frustración. ¡Utilízala para algo bueno! La

frustración no canalizada suele ser peligrosa. Es una emoción natural, pero la clave para superarla es ser disciplinado.

10. Ten fe ¡y recuerda que eres una persona bendecida y favorecida! Sé siempre positivo y valiente. La fe te da poder para enfrentar tiempos difíciles.
11. Prepárate para ganar, rehúsate a perder ¡y no te rindas jamás! ¡Nunca, jamás, jamás te rindas! Los triunfadores nunca se rinden, y quienes se rinden ¡nunca triunfan!
12. Mantén la buena actitud y sé agradecido. Aprende a identificar las bendiciones que vienen con toda dificultad. ¡Sé agradecido por todos y cada uno de tus días!

Toda persona exitosa ha tenido fracasos; sin embargo, ha sabido comprender que el fracaso no es el final del camino, sino apenas un tramo destapado… y los únicos que se estrellan son aquellos que no cambian el rumbo. Cuando tienes la capacidad de ver tu fracaso como un cambio para tu crecimiento, todo reto que enfrentas tiene un lado positivo y todo fracaso personal termina siendo nada más que una manera de obtener un éxito maravilloso.

¿Es en serio?

Recibí una nota de un viejo amigo de mis tiempos como cantante de clubes nocturnos contándome que me había visto en televisión y que quería saber qué fue lo que hice para cambiar tanto mi vida. Le respondí que, cuando me despidieron de aquel club nocturno, el cual convertí en uno de los más rentables de Washington D.C. porque era más más barato comprar un karaoke que pagarle a una banda de músicos, decidí cambiar… y como dice Jim Rhone: "Una vez tú cambias, ¡todo te cambia!"

Le conté que me comprometí conmigo mismo para crecer y expandir mi manera de pensar. Fue así como comencé por tomar un curso de desarrollo y crecimiento personal y me decidí a leer libros que tuvieran un mensaje positivo, a escuchar grabaciones que me animaran y a asistir a muchos seminarios y congresos de automotivación. En pocas palabras, le dije que había decidido tomar en serio mi posibilidad de ser exitoso. Determiné que haría lo que fuera necesario para desarrollarme y crecer hasta convertirme en una persona lista para triunfar. Recuerdo a Les Brown diciéndome en una ocasión que "hablando en serio, la gente no se toma en serio su propio éxito" y que es común que muchos hablen al respecto y hablan, y hablan y hablan, pero nunca hacen algo para lograrlo. Así que yo tomé la determinación ¡de tomar mi éxito en serio!

Me dediqué a levantarme más temprano y trabajar hasta tarde; a leer todo lo que pudiera sobre autodesarrollo. Decidí apagar el televisor e invertir mi tiempo en libros y audios de provecho personal. Hice el compromiso de tomar el teléfono y hacer llamadas diarias que me reportaran ventas. Comenzaba a hacerlas desde bien temprano en la mañana hasta tarde en la noche y, cuando me cansaba y quería parar, siempre hacía una llamada más. Me comprometí a que, a diario, haría más de lo que me pagaban por hacer y daría más de lo que se esperaba que diera e iría más allá de donde tuviera que ir. Fue así como comprobé que era cierto eso de que, si haces más de lo que te pagan por hacer, entonces un día te pagarán más por lo que hagas. Y si hoy haces lo que otros no quieren hacer, mañana obtendrás aquello que los demás quisieran.

Entonces mi viejo amigo me preguntó cuáles son esas tres cosas que yo hago a diario y sin falta. Le respondí que cada día lo empiezo de la misma manera: en oración y meditación. Le doy gracias a Dios por cada mañana que me permite levantarme de la cama y proclamo con gozo: "Este es el día que ha hecho el Señor. ¡Me alegraré y me regocijaré!" Mi actitud es de agradecimiento hacia Dios puesto que me dio ¡otra oportunidad para salir a vivir mi sueño!

En segundo lugar, me pregunto: "Willie, si hoy quisieras vivir tu vida en serio, ¿qué harías?" Una vez obtengo la respuesta, la escribo y me pongo a trabajar en ella para así convertir mis sueños en mi realidad. Luego, vuelvo a preguntarme: ¿Qué tendrías que hacer hoy para ser mejor? He aprendido que el éxito es el resultado del desarrollo personal y profesional, y que para ser mejor se requiere de un crecimiento diario. La grandeza, en cualquiera de sus manifestaciones, no ocurre en un solo día, sino día tras día. Es a diario como se consigue la diferencia. De la misma manera en que haces crecer tus músculos poco a poco, así mismo es tu crecimiento personal y te aproximas al éxito: paso a paso y día tras día.

También le dije a mi amigo que no soy un sabelotodo, pero que sí tengo PHD —¡Persistencia, Hambre y Determinación! Y lo que es más, le dije que todos necesitamos adquirir el compromiso de crecer para que, de esa misma manera, nuestras posibilidades crezcan y nuestro futuro sea mejor. Luego, debemos hacer el compromiso ¡de permanecer fieles a ese compromiso! Y es por esa razón que a través de esta lectura estaré ayudándote a enfocarte en la pregunta: *¿Lo estás tomando en serio?*

Las personas exitosas en los negocios han tenido que enfrentar muchos contratiempos; sin embargo, todas ellas se han dado cuenta de que ese no es el final del camino, sino una trocha dentro del camino… y los únicos que se estrellan son aquellos que no cambian de dirección. Al tomar tus fracasos como oportunidades de crecimiento encontrarás el lado positivo de todo reto que enfrentes y verás cada una de tus derrotas como una opción que te lleva a obtener otro éxito.

La pregunta que más me hacen con respecto a los tiempos financieros difíciles es: "¿Cómo hago para sobrevivir a esta mala racha?" La respuesta es: no hay salidas fáciles. Sin embargo, sí hay conceptos que han sido probados a lo largo del tiempo y existen soluciones que funcionan. Funcionaron en la década de 1930 y durante otras recesiones y situaciones financieras difíciles; por lo tanto, no dudes de que también funcionen actualmente y en tu caso específico. De hecho, hemos visto que muchas de las mismas tendencias son tan vigentes hoy como lo fueron en el pasado. Los estudios de cine han registrado las ventas taquilleras más altas en medio de recesiones y situaciones financieras difíciles, así mismo, las compañías que se especializan en el mercado del entretenimiento en el hogar vendiendo equipos de teatro en casa ven con asombro cuánto se incrementan sus ventas durante estos tiempos debido a que los consumidores sienten que no tienen cómo costear actividades de entretenimiento fuera del hogar y prefieren pagar por tener la posibilidad de divertirse en casa. Es durante estos tiempos cuando tú también puedes utilizar tu creatividad para construir una gran riqueza. Sin embargo, todos estos principios funcionan únicamente si tú estás dispuesto a que te funcionen y a aplicarlos de manera diligente en tu propia vida.

Warren Buffett, quien fue nominado recientemente como uno de los hombres más ricos del mundo, dijo que las recesiones son épocas muy retadoras, y aun así son tambien una gran oportunidad para amasar una buena fortuna. De hecho, él las llama "los Pearl Harbor financieros", que es el tiempo durante el cual todo parece desplomarse, pero sin embargo, de allí surgen resultados maravillosos. Buffett afirmó que las recesiones y las adversidades económicas son por naturaleza circulares —muy seguramente ya habían sido parte de nuestra vida y es muy probable que lo vuelvan a ser en el futuro. También afirmó que debemos aprender de la Historia. Hemos visto situaciones económicas peores y cada una de ellas llegó a su fin y la economía repuntó para ser mejor de lo que había sido hasta entonces. Explicó que, en cada proceso de recuperación, los mejores días son para aquellos que están dispuestos a pensar de manera distinta y no se dejan guiar por comentarios ni puntos de vista negativos. Buffett siente que los reveses económicos les ofrecen grandes oportunidades a aquellos que disfrutan de un punto de vista positivo y han determinado no seguir a la multitud de pensamientos negativos.

En una entrevista en CNBC Buffett afirmó: "Las malas noticias generan temor y ansiedad, pero tú debes luchar contra el miedo y pensar que en determinado momento todo volverá a estar bien. ¡El sistema de libre empresa funciona! De vez en cuando la maquinaria se atasca, pero puedes estar seguro de que se volverá a arreglar. ¡Solo confía en que el sistema funciona!" Después de que él habló sobre el tema bancario y los ahorros, y que expresó que los mejores días estaban por llegar para la industria bancaria, ¡los precios de las acciones de Wells Fargo Bank aumentaron en más del 24%!

Buffett también les aconsejó a sus oyentes no dejarse dominar por el miedo ni el pánico, sino mirar al futuro con optimismo y emoción y aprovechar las oportunidades que se encuentran por todas partes. Por último, manifestó: "Mientras algunos estaban más ávidos de dinero (durante el auge del Internet), ¡fue cuando más yo me relajé! Y cuando los demás estaban atemorizados, ¡fue cuando más dinero conseguí!"

Yo estoy de acuerdo con Warren Buffett: durante los reveses económicos es cuando deberíamos examinar los patrones que han existido en el pasado y ver con optimismo hacia el futuro. Es ese el tiempo de buscar oportunidades y aprovecharlas. Aquellos que piensan diferente y abren sus ojos a todas las posibilidades son los que finalmente prosperan. Jack Adgate escribió: "¿Qué tienen en común todas las recesiones? Que todas terminaron con resultados distintos para el sector financiero. Al final de la recesión de 1990 Walmart repuntó sobre Sears, Gillette venció a Colgate-Palmolive Inc. y Merrill Lynch repuntó sobre Bear Stearns". La Historia ha probado que ocurre lo mismo en cada recesión o depresión, al igual que ocurre en tu historia personal… si no te das por vencido, convertirás tus derrotas en dinero contante y sonante.

La pregunta primordial es si tú ves las crisis (ya sea que se trate de una recesión en general o de un revés financiero personal) como problemas que no tienen solución o como o como una oportunidad estratégica. ¿Cómo quieres que sean tu vida y tu negocio una vez te hayas sobrepuesto a la derrota?

En tiempos retadores y cambiantes creo que es necesario pensar de manera distinta. Si estás dispuesto a pensar y actuar diferente, en este libro compartiré contigo algunas ideas y estrategias que te mostrarán cómo y a prosperar, y no tan solo a sobrevivir. Te servirán para convertir tus dificultades financieras ¡en dinero contante y sonante!

La ruta menos transitada

A medida que vamos madurando enfrentamos un reto tras otro. Como afirmó M. Scott Peck en la primera línea de su libro *The Road Less Traveled*: "¡La vida es difícil!". ¡Punto! Él está en lo cierto, ¡la vida es difícil!

La vida es retadora. Y hay tiempos en que también es totalmente injusta. Sin embargo, aun así vale la pena vivirla. Incluso con los retos y las dificultades, debemos seguir adelante. ¡La vida sigue siendo bella! Tengo sobre mi escritorio un aviso que dice: "¡La vida no tiene que ser perfecta para ser maravillosa!"

A lo largo de los años he escuchado a personas mayores decir: "Si no has enfrentado tiempos difíciles, ¡entonces, escasamente puedes decir que estás vivo!" Todos hemos atravesado circunstancias complicadas y en algún momento hemos experimentado fracasos. Todos desafiaremos tempestades que, sin embargo, representan una gran oportunidad para enfrentar nuevos retos. Vendrán tiempos de crisis, pero debemos entender la verdadera definición de crisis: es la oportunidad para vislumbrar posibilidades futuras.

Con frecuencia escuchamos que estamos en tiempos de crisis, y yo estoy de acuerdo, pero con lo que sí no estoy de acuerdo es con la manera en que se define una crisis. Por lo general pensamos que *crisis* es una calamidad, un tiempo difícil de dolor y desesperación. Sí, durante esa etapa hay dolor, desesperación y desconsuelo, pero eso no define la totalidad de la situación. La palabra *crisis* es interesante porque tiene doble atributo: grandes cambios y dificultades, ¡y a la vez inmensas oportunidades! Napoleón Hill afirma en su libro *Piense y hágase rico*: "En toda adversidad existe siempre la semilla de un beneficio igual o mayor". Desde ese punto de vista, permíteme compartirte algunas ideas que creo que te ayudarán a atravesar cualquier crisis y salir al otro lado siendo más grande y mejor que antes.

A medida que nos adentramos en los pasos específicos necesarios para superar los fracasos económicos y triunfar, mi meta es darte estrategias concretas sobre cómo no solamente sobrevivir, sino prosperar en medio de la crisis.

Warren Buffett estaba en lo cierto: ¡Ahora es el tiempo! ¡Es el tiempo de convertir los fracasos en dinero contante y sonante! ¡Lo lograremos! ¡Es el tiempo del regreso al ruedo! ¡Prepárate para tu increíble regreso a las arenas financieras! ¡Alístate para convertir tu crisis económica en riquezas! ¡Hagamos que así sea!

Y ahora ¡enfoquemos en los siete pasos para convertir los fracasos financieros en una rica fortuna!

¡Convierte tus fracasos financieros en dinero contante y sonante!

PASO 1

TOMA LA DECISIÓN... SIENTE LA PRESIÓN, PERO NO TE ANGUSTIES (PORQUE LA PRESIÓN LOGRA MARAVILLAS Y EL PÁNICO PRODUCE DESASTRES)

Los tiempos difíciles no perduran,
¡en cambio la gente valiente, sí!
—Dr. Robert Schuller

LOS RETOS FINANCIEROS LE OCURREN A todo el mundo bien sea en un momento o en otro. Sé que el asunto no es divertido. De hecho, doy fe de que es precisamente lo opuesto —bastante doloroso. Cuando atravesamos por una dificultad financiera, ya sea personal o a mayor escala, tendemos a experimentar ese sentimiento incómodo de haber perdido el control, el cual nos hace tambalear y perder el equilibrio, cosa que a nadie le gusta. Con frecuencia, esa falta de control suele venir acompañada de un alto nivel de presión y ansiedad. Cuando estás quebrado, acabado y disgustado es difícil concentrarte y ver un futuro en donde no te haga falta dinero y pagar tus cuentas no sea difícil. Me agrada mucho la manera en que mi amigo, el Dr. Beecher Hicks, lo expresa: "La presión se vuelve más fuerte cuando el dinero escasea y comienzan a ocurrir ciertos cambios". Sin embargo, la buena noticia... la noticia realmente buena... es que existe una solución a este problema, ¡y comienza en tu pensamiento!

Lo primero, y lo más importante, es que te decidas

Yo mismo he sentido la presión que proviene de las dificultades financieras y he aprendido algunas lecciones valiosas durante el proceso. Hoy sé que es un hecho que la presión produce resultados valiosos, pero es esencial que, cuando esa presión surja, tomes la decisión de utilizarla para fortalecerte y madurar, y no para debilitarte y volverte amargado. Comienza a pensar diferente. Piensa positivamente y enfócate en lo que quieres y no en lo que no quieres que ocurra ni en tus temores. ¿Por qué? ¡Porque aquello en lo que más te enfoques tomará más fuerza!

Desarrollar una mentalidad ganadora es crucial. ¡El primer paso para convertir tus fracasos financieros en riquezas es tomar una decisión! Decide que ganarás de alguna manera y en algún momento, y que, cuando la tormenta pase, todavía seguirás en pie. Es como en la película *El color púrpura*, cuando Celie decide dejar a su maltratador y abusivo esposo. Cuando ella le dice que se va a ir, él comienza a decirle que nadie la quiere, que es fea y que jamás ha hecho algo que valga la pena. Entonces ella lo mira con una confianza férrea en sí misma y le responde: "Es posible que sea fea y que no haya hecho nada significativo para ti... ¡pero aún sigo viva! ¡Todavía estoy aquí!" Esa fue la declaración de un logro, ¡una afirmación de valor! Así que ¡el primer paso para convertir tu dificultad financiera en una fortuna es decidiéndote! Debes comprometerte a estar dispuesto a salirte de tu zona de comodidad. Una vez te hayas decidido y hagas ese compromiso, tienes que estar dispuesto a continuar trabajando en pos de tu meta hasta haberla alcanzado.

Como suele ocurrir con la mayoría de cosas en la vida, el primer paso es siempre el más crítico. Tomar una decisión es el primer paso más importante en esta ecuación. La mayoría de la gente no vence sobre sus circunstancias porque no se deciden ni se comprometen a lograr sus metas. Goethe dijo: "Hasta que uno no se compromete con su causa, hay indecisión, la posibilidad de retroceder y un sentimiento de inefectividad. Pero en el momento, en ese instante en que uno se compromete definitivamente, en ese mismo momento la providencia (la mano de Dios) se mueve a favor nuestro. Comienzan a ocurrir cosas que nunca antes habían ocurrido. La valentía genera magia y genialidad. ¡Decídete ya!" Si quieres estar del lado de los vencedores, el primer paso es decidirte. Nada en la vida es más importante que una mente decidida.

La mayoría de la gente tiene la mentalidad de "tengo la esperanza de lograrlo". Pero una persona decidida a lograrlo piensa: "¡Yo sé que puedo!" Esa es la gente que parece vencer de manera consistente tanto en su vida personal como en sus negocios, la que vence las adversidades y continúa avanzando hasta triunfar, la que atraviesa los tiempos difíciles en el aspecto financiero y sale al otro lado convertida en una mejor persona, y además, rodeada de riqueza. Sabemos que las tempestades económicas ocurrirán en determinado momento, pero, si nos hemos mentalizado para ganar, estaremos en el camino correcto hacia lograr éxitos mayores.

Una vez has tomado una decisión y te has mentalizado en función de ella, has recorrido la mitad del camino que te lleva tus metas — has ganado la mitad de la batalla. Muy pocas cosas ocurren hasta que no te decides a lograrlas. Decide que no te conformarás con tus circunstancias actuales y que prosperarás. Decide que hallarás la manera de triunfar pues, no solo es importante, sino crucial lograrlo. Así que ¡decídete! De hecho, ¡decídete ahora mismo!

Es tu deber decidirte —debes comprometerte a salir de tu zona de comodidad. Y una vez te hayas comprometido, también debes estar dispuesto a enfocarte en función de lograr tu meta hasta que la alcances. Debes convencerte a ti mismo de qué triunfarás. ¡Dilo en voz alta! Se ha dicho que la mitad de la batalla ocurre en el campo de la mente. ¡Pero, hoy encontrarás la manera de triunfar! Comenzarás a desarrollar tu deseo de vencer, el cual no solo es importante, sino definitivo. ¡Decídete… ya mismo!

Tu manera de pensar influye en tu bienestar económico

Tu manera de pensar es la fuerza que te mueve a avanzar en tu jornada y además es importante y decisiva en el proceso de adquirir tu fortuna, sobre todo cuando estás afrontando retos financieros. Todo depende de tu manera de pensar y de tu nivel de determinación. Debes tener determinación para lograr lo que te propongas.

La gente confunde con bastante frecuencia la determinación y la persistencia porque son muy similares, pero la persistencia tiene que ver con actuar mientras que la determinación es una actitud. Cuando estas dos cualidades se combinan ¡los sueños se convierten en realidad! Si quieres tener éxito, primero necesitas tener un sueño y debes decidir ir tras él y tomar la decisión determinada de que avanzarás hasta alcanzarlo cueste lo que cueste ¡Debes continuar hasta triunfar!

Con frecuencia me preguntan sobre el título de mi primer libro, *It Only Takes A Minute To Change Your Life*, y si es cierto que uno puede cambiar su vida en un minuto. Yo siempre contesto: "¡Por supuesto que sí!" Definitivamente, es posible cambiar tu vida en un minuto. Ese minuto en el que decides tomar una decisión y moverte en esa dirección es el minuto en que cambias tu vida. Es obvio que no llegarás a tu destino en un minuto, pero en un minuto sí es posible cambiar de rumbo. Y en ese minuto en que decides dirigirte en otras direcciones habrás cambiado tu vida. Lo mismo aplica con respecto a transformar tus fracasos en riquezas —¡pero primero necesitas decidirte a lograrlo!

Aprende a resistir la presión ¡porque la presión logra maravillas!

Presión es una palabra que todos conocemos y cuyo efecto, por lo general, no queremos experimentar. La mayoría de la gente vive alguna clase de presión diaria. La presión de saber desempeñarse en su labor; la presión de lidiar con el tráfico para llegar al trabajo y regresar a casa; todos experimentamos diferentes clases de presión en nuestro diario vivir. Con el tiempo aprendemos a adaptarnos a ellas, pero la mayoría de las veces no sabemos cómo manejarlas. Sin embargo, existe alguna diferencia con respecto a la presión financiera porque esta sí nos hace tambalear y muchas veces hasta perder el equilibrio. La presión financiera mal manejada puede volvernos locos. Pero a pesar de todo, bien manejada, es la que generalmente se nos convierte en una excelente razón para amasar una buena fortuna. Es la presión la que te produce diamantes y te genera una mina de ellos.

En conversaciones con mi hijo y sus amigos es muy frecuente que ellos utilicen la palabra *presión*. En muchos círculos el hecho de sentir presión no se toma como una experiencia agradable. Hay quienes creen que la presión es generadora de desesperación. Sin embargo, yo opino que no es cuestión de que sea una experiencia agradable o no, sino de permanecer enfocados y decididos a ganar. Estoy convencido de que estar bajo presión y estar desesperado son dos sentimientos completamente diferentes.

Estar bajo presión es estar atravesando un momento intenso en el cual uno se encuentra enfocado y decidido a ganar. Estar desesperado significa tener la mente dispersa procurando agarrarse de algún salvavidas mientras que uno se ahoga en un mar de incertidumbres. La presión produce diamantes mientras que la desesperación conlleva al pánico y este último al desastre. Creo que es necesario y sabio reconocer la importancia y el poder de estar bajo presión porque esto significa estar en un estado en el cual necesitamos permanecer enfocados y totalmente comprometidos a alcanzar nuestras metas.

Es el momento para movernos más allá de un interés casual por alcanzar el propósito que nos hayamos propuesto y ponernos al nivel de un compromiso total mediante el cual estemos decididos por completo a lograrlo. Mi amigo Les Brown dice: "Si eres casual, te convertirás en el producto de una casualidad". Yo estoy seguro de que tú necesitas tomar la decisión de ir más allá del nivel de la casualidad y tomar tus proyectos en serio, permaneciendo enfocado y resistiendo la presión. En tiempos difíciles necesitas elevar el nivel de compromiso y dar pasos seguros. Si lo haces, te sorprenderás a ti mismo con lo que eres capaz de lograr.

Entrar en pánico significa actuar sin pensar ni seguir un plan racional. Estar bajo presión significa trabajar más duro y de manera más inteligente, con mayor nivel de convicción y propósito. Me agrada decir que la presión genera diamantes mientras que el pánico genera desastres. Es aceptable —de hecho, es aconsejable— tener momentos en los que te sientas presionado y decidido a alcanzar tus metas, pero es un error entrar en pánico. Cuando la gente se siente presionada, eleva su nivel de actividad y de intensidad, pero lo importante es de *qué* forma lo eleva. Algunos manejan la presión reaccionando negativamente, en cambio, otros manejan la presión respondiendo a ella con positivismo. La diferencia evidente es que un resultado es negativo y el otro es positivo.

Cuando tú respondes a una situación mediante un movimiento positivo, el impacto es positivo. Lo contrario también es cierto: si el movimiento es negativo, es obvio que el impacto será negativo. Supongamos que un amigo tuyo se enferma y tú lo llevas a la clínica y es admitido en ella y el doctor le prescribe un medicamento para tratarle la enfermedad. Más tarde, cuando vuelves a visitarlo y le preguntas al doctor cómo sigue tu amigo, si el doctor te dice que él reaccionó al medicamento, de inmediato sabes que esa no es una buena noticia; pero, si el doctor te dice que tu amigo respondió al medicamento, entonces tú sabes que la medicina está funcionando y que tu amigo está mejorando.

La habilidad para responder en lugar de reaccionar es aprendible. La diferencia consiste sobre todo en la manera en que percibes y ves la vida —en otras palabras, es ante todo cuestión de actitud. Con demasiada frecuencia la gente reacciona con pánico ante las situaciones y pocas veces responde ante ellas y permanece en calma. Te recomiendo que aprendas a responder y a permanecer calmado. Practica la calma y permanece enfocado. Acepta la presión que sentirás al tratar de convertir tus fracasos financieros en dinero contante y sonante ¡pero sin llenarte de pánico!

La presión genera un mayor grado de enfoque y claridad. Los grandes atletas reciben mucha presión y se mantienen enfocados cuando van perdiendo durante los últimos minutos de la competencia y no permiten que el pánico se apodere de ellos. Joe Montana fue uno de los mejores jugadores de fútbol americano. Fue el líder del equipo San Francisco 49ers durante el Súpertazón. Con frecuencia lo llamaban "el rey de las jugadas de los dos últimos minutos" porque, cada vez que su equipo iba perdiendo durante los dos últimos minutos, él los reunía y les decía que se enfocaran, que se prepararan para ganar la guerra de los dos últimos minutos del juego.

Michael Jordan fue otro deportista que no se dejó amedrentar por el miedo y era conocido por su habilidad para mantenerse enfocado. Él fue el líder del equipo de baleoncesto Chicago Bulls y fue conocido por convertirse en campeón mundial como resultado de su habilidad para enfocarse. Cuando el partido estaba finalizando y los Bulls iban perdiendo, y se necesitaba que alguien hiciera puntos, Michael Jordan siempre pedía el balón porque no sentía pánico, sino que se presionaba y se forzaba a sí mismo a mejorar su nivel de desempeño.

Los triunfadores toman la decisión de triunfar y también deciden que no se dejarán amedrentar, sino que ejercerán presión y enfocaran todas sus energías en ganar. ¿Estás listo para atravesar por tiempos difíciles y ganar? ¿Estás preparado para ganar la guerra? ¿Te sientes presionado y sin embargo te rehúsas a sentir temor? Eso espero ¡porque no hay poder en el temor!

Entonces ¿de qué manera conviertes la presión que te genera una dificultad financiera en oportunidades para alcanzar éxitos mayores y para que las circunstancias difíciles funcionen a tu favor? Buena pregunta. De la misma manera en que la presión del planeta puede transformar un pedazo de carbón en un diamante valioso, así mismo las presiones de la vida pueden transformar tu situación difícil en un costoso diamante. La presión produce diamantes... pero es crucial que utilices esa presión en beneficio propio y no para tu destrucción. La presión produce diamantes, pero el pánico produce destrucción.

Necesitas mantenerte enfocado y decidido, sabiendo que la presión te ayuda a triunfar y teniendo en claro que el temor te perjudica. No dejes que el miedo te acobarde porque te robará la posibilidad de pensar claramente y analizar con cuidado todas tus opciones. Necesitas tener claridad de pensamiento para considerarlas todas y el pánico te impide hacer bien tu labor. Y si no logras seleccionar la mejor opción, tu oportunidad de triunfar disminuirá drásticamente.

Una vez que el pánico se ha apoderado de la situación, la gente tiende a tomar malas determinaciones y a seguir los pasos de otros que también están tomando malas decisiones.

Durante la caída bursátil de Estados Unidos en 1929 miles de personas se llenaron de pánico y surgió una histeria colectiva. Fue una epidemia de malas elecciones y de pésimas decisiones. La gente se tiró de los edificios y muchos cometieron suicidios disparándose con su propio revólver. Pero al final el mercado se recuperó y adquirió mayor y mejor fuerza que antes.

Yo estaba sorprendido de ver la manera en que la gente se atemorizó durante la caída del mercado. Hubo quienes tenían acciones al alto precio de $65 dólares por acción que se desplomaron cuando el mercado alcanzó un costo de $1,05 por acción y decidieron venderlas a ese precio. ¿Por qué habrían de venderlas en ese momento? Yo siempre he sabido que el secreto del éxito en cuanto al mercado bursátil se refiere consiste en comprar barato y vender caro. Si no vendiste cuando el mercado comenzó a caer ¿por qué razón en este mundo habrías de vender cuando el precio llegó a ser mínimo? Mucha gente se atemorizó y vendió sus acciones al menor precio… ¡y luego las acciones volvieron a subir! Así que volviendo al tema fundamental de este primer paso que consiste en tomar decisiones: decide *no* llenarte de pánico. No existe ningún poder en sentir temor.

La realidad de la recesión

La realidad de la recesión y de otras adversidades financieras es que todas llegarán y así mismo se irán. Las recesiones y los malos tiempos financieros son parte de la vida, y si vivimos lo suficiente, veremos de tiempo en tiempo ir y venir las crisis financieras. De esa misma manera, a lo largo de nuestra vida experimentaremos nuestras propias recesiones… lo cual significa decir que nos quedaremos sin dinero y que ocasionalmente nuestra situación económica será fluctuante. Pero esto es parte de la vida y, una vez hayas aprendido a navegar exitosamente en medio de las tormentas económicas, te darás cuenta de que la recesión no es una situación a la cual temerle, sino una etapa que necesitamos saber manejar.

Primero, veamos de lo que se trata una recesión: es un descalabro general en el área de los negocios que genera aumento de desempleo. Es importante notar que tanto la recesión como la depresión son crisis económicas que comienzan con la fluctuación de las condiciones financieras de un país o de un grupo de países, y que posteriormente se agravan debido al temor (temor corporativo, y luego temor de los consumidores, en cuanto a gastar el dinero), el cual hace que se disminuyan las ventas y en determinado momento genera pérdida de empleos. Y el ciclo sigue creciendo hasta que se reduzca el temor y el dinero vuelva a entrar en circulación.

Después de La Gran Depresión se han presentado otras 11 recesiones y descalabros económicos serios, y durante todos estos tiempos hubo gente que se volvió millonaria. ¿Cómo lo lograron? ¿Cómo puedes tú lograrlo?

Comencemos por darles un vistazo a algunas de estas personas que se volvieron millonarias como resultado de una recesión o de un revés financiero.

Michael J. Cullen

Michael J. Cullen fue el creador del concepto de los supermercados durante la época de La Gran Depresión. Él trasladó a la gente que hacía compras en la tienda de la esquina y la situó en a un lugar en el cual pudiera adquirir bajo un mismo techo todo lo que necesitara y por mejores precios. Fue él quien vio una oportunidad para ayudarles a los consumidores a ahorrar tiempo y dinero y a la vez lograr su propia prosperidad durante la época más difícil desde el punto de vista financiero que ha afrontado Estados Unidos. Su eslogan era: "Compre bastante y venda barato".

Charles Darrow

Es probable que no reconozcas el nombre de Charles Darrow, pero es un hecho que conoces su invento. Él fue quien se ideó el juego llamado Monopolio y que aún hoy en día entretiene y divierte. Darrow perdió todo lo que tenía durante la crisis de 1929, pero se negó a darse por vencido y a tirar la toalla. Fue así como decidió trabajar en la idea de un juego de mesa que le hiciera sentir a la gente que eran millonaria. Un año después de haber lanzado el juego al mercado había vendido más de 20.000 unidades y se había vuelto millonario.

J. Paul Getty

J. Paul Getty utilizó el dinero que recibió de una herencia para comprar unas acciones de petróleos después de la caída del mercado, cuando los precios bajaron. Luego las mantuvo y posteriormente las vendió obteniendo una gran ganancia cuando los precios comenzaron a subir. Fue así como se hizo billonario, gracias a que fue inteligente e hizo lo que le dijeron que hiciera con respecto a las inversiones: ¡comprar barato y vender caro!

Howard Hughes

Howard Hughes fue un temerario aviador que decidió poner en práctica su habilidad para tomar riesgos y la llevó a un nivel superior después de la caída del mercado de 1929 decidiendo que se dedicaría a filmar películas porque se imaginó que la gente estaría dispuesta a pagar el precio de una entrada al cine con tal de escaparse de la rutina diaria. ¡Y estaba en lo cierto! Entonces, a mediados de la década de 1930, también supuso que la gente querría viajar cuando la recesión llegara a su fin y fue así como decidió iniciar la compañía de aviación Hughes Aircraft Company y posicionarse como el rey de la aviación. Howard Hughes vio una necesidad y aprovechó la oportunidad basándose en la visión que tenía del futuro.

Para quienes nacimos después de La Gran Depresión, la última recesión que afrontamos fue una lección interesante sobre la naturaleza humana. Vimos gente que cambió su historia crediticia y el alto nivel de sus deudas a una serie de hábitos que han generado incluso cambios culturales. Hubo compañías e instituciones venerables, como Lehman Brothers, que salieron del mercado o que fueron compradas por sus competidores. Empresas que eran parte de nuestro escenario nacional desaparecieron de la noche a la mañana. Mucha gente perdió los ahorros de toda su vida y sus inversiones a largo plazo. Presenciamos un récord inigualable de ejecuciones hipotecarias y de bajas en las ventas. Muchos desempleados no lograron encontrar otro trabajo durante meses y meses.

Todos conocemos a alguien que se vio afectado de manera personal y nos compadecimos de su situación. Es casi normal escuchar en las noticias diarias sobre las crisis económicas y preguntarnos muy en secreto de qué manera nos veremos afectados por esta situación. Todo esto genera un malestar que se siente en las comunidades, en las ciudades, en los estados y en el país. Pero este no es el tiempo para rendirnos; es el momento para levantar la mirada, pensar y salir con nuevas ideas y estrategias que conviertan esta crisis financiera en éxitos para todos.

Ya hemos vivido en tiempos como estos en el pasado y hemos salido de ellos siendo mejores y más grandes y fuertes de lo que éramos antes de enfrentar el reto. En cada situación difícil la gente ha descubierto maneras específicas para triunfar. Incluso durante las malas rachas hay quienes han tenido la capacidad de convertir el sabor amargo del limón en limonada, personas que han sabido encontrar semillas de oportunidades en medio de la adversidad. Napoleón Hill, el autor del conocido libro *Piense y hágase rico*, dijo: "Toda ADVERSIDAD, todo fracaso, toda preocupación traen consigo las semillas de una gran oportunidad".

Lecciones de la voz de la experiencia

He observado gente que ha descubierto cómo afrontar las crisis económicas y salir de ellas mejor que al principio. He tenido el placer de entrevistar en mi programa *The Willie Jolley Wealthy Ways Radio Show* a un buen número de triunfadores que han descubierto el secreto de salir fortalecidos de sus reveses financieros. Desde allí transmito ideas y puntos de vista de algunos de los mejores y más brillantes conocedores del tema del éxito y la construcción de riquezas. Dave Yoho, uno de mis entrevistados, es una leyenda en la industria de las conferencias motivacionales. Él es reconocido a nivel mundial y es un consultor de negocios que viaja por todo el país compartiendo sus ideas. Aunque es octogenario, hay en él la pasión y la energía de una persona con la mitad de su edad. Es sin duda uno de los hombres más sabios que he tenido el placer de entrevistar.

Nacido en la década de 1920, Dave recuerda de una manera muy vívida la caída del mercado de 1929 y cómo fue su experiencia al crecer en medio de La Gran Depresión. Durante la entrevista nos dio importantes lecciones sobre economía que aprendió a lo largo de sus ochenta y tantos años, como por ejemplo el hecho de que las economías del mundo tendrán mejores tiempos, seguidos de tiempos difíciles, seguidos de tiempos prósperos, seguidos de tiempos difíciles, seguidos de tiempos prósperos, ¡una y otra vez! Aquellos que han triunfado a largo plazo son conscientes de que cada época "pasará… porque no vino para quedarse". Quien es capaz de entender que los fracasos son una parte inevitable del mundo de los negocios es quien en realidad prospera; en cambio, quienes no se adaptan a los cambios producidos por los reveses financieros tendrán economías poco estables. Dave dijo: "Crecí en un tiempo en el que, de lo único que sabíamos, era de tiempos difíciles y aprendimos que estos no duran para siempre; en cambio, la gente valiente sí permanece. Por eso no debes angustiarte, sino seguir trabajando en tus metas. ¡Es posible atravesar las crisis financieras comprometiéndote con tus logros personales!"

El hecho es que los fracasos son una parte de la vida y que todo cambia… el secreto es que no te des por vencido. Sigue avanzando y creciendo con los retos que enfrentas. Sin importar en qué industria te desempeñes, lo único cierto es que tú también tendrás que afrontar cambios. La clave es recordar que las adversidades son una gran oportunidad para alcanzar niveles de éxito aún mayores.

Cuando converso con otra gente que también tuvo que afrontar La Gran Depresión, todos coinciden en que las crisis financieras son parte de la vida, pero es posible atravesarlas, si entendemos que estas no son una probabilidad, sino una realidad. Además, es necesario tener la situación bajo control y no permitir que el pánico haga más estragos.

Cómo desarrollar el poder de la calma

Hace algunos años había un comercial de televisión de un desodorante que afirmaba que aquellos que lograron ser famosos aprendieron a mantenerse tranquilos, frescos y calmados. Yo creo que ese mensaje abarca mucho más que las funciones de un desodorante. Tienes dos opciones cada vez que una situación comienza a complicarse: enloquecerte frente a ella o permanecer calmado. La elección que hagas tendrá consecuencias que te saquen a flote o que te hundan más.

He aprendido que, aunque mucha gente es consciente de la importancia de no entrar en pánico, la mayoría continúa dejándose controlar por él en momentos difíciles. Esto sucede porque casi nadie sabe cómo conservar la calma. Permanecer calmado frente a una crisis es una decisión consciente, una habilidad que se puede adquirir como cualquier otra. Quienes la han desarrollado son quienes realmente triunfan.

El Capitán Chesley "Sully" Sullenberger se convirtió en un héroe internacional debido a su habilidad para permanecer en calma en medio de un potencial desastre. Él es el piloto del infortunado vuelo de US Airways que perdió dos motores después de haber recibido el impacto de una bandada de pájaros mientras despegaba del aeropuerto La Guardia de la ciudad de Nueva York. Cuando volaba sobre Manhattan se dio cuenta de que no tenía motores ni lugar para aterrizar, así que calmadamente decidió sobrevolar Manhattan y tratar de aterrizar sobre el río Hudson. Sullenberger logró esta maniobra de manera exitosa y salvó la vida de 155 pasajeros que venían a bordo. El periódico *The Wall Street Journal* reportó que está fue la primera vez en 50 años de vuelos comerciales que un piloto fue capaz de ejecutar con éxito una de las maniobras más difíciles desde el punto de vista técnico —aterrizar un avión en el agua— sin que nadie perdiera la vida ni hubiera mayores daños.

Tuve la oportunidad de compartir el escenario con el Capitán Sullenberger y él manifestó que lo primero que hizo cuando se dio cuenta de que había perdido los motores fue decidir que conservaría la calma y mantendría enfocadas todas sus energías en el asunto. Luego pensó en las opciones que tenía y al ver que no podía regresar al aeropuerto decidió aterrizar sobre el río. Aseguró que "se forzó a sí mismo" a permanecer tranquilo porque sabía que conservando la calma sería la única manera de ejecutar esa operación. Muchos de los pasajeros del avión y sus familias se reunieron con él unas semanas después del accidente y le agradecieron profundamente por haberles salvado la vida a ellos y a sus seres queridos. Él estaba conmovido con tanto agradecimiento y comentarios, y se ratificó en que la clave de todo había sido su decisión de permanecer en calma, pensar positivamente y revisar qué posibilidades tenía. Luego fue cuestión de convertir esas posibilidades en una realidad. Esfuérzate por permanecer en calma y revisar qué opciones tienes, y acto seguido trabaja en función de convertir esas posibilidades en una realidad.

Piensa, ponte de acuerdo contigo mismo, llénate de energía positiva, verbaliza tus pensamientos y después enfrenta la situación

La mayoría de la gente no se da cuenta del poder que hay en hablar con uno mismo. Primero, piensa y enfócate en lo positivo que tienes a tu alcance para enfrentar la situación. Luego, pasa al siguiente nivel que es declarar tus mejores pensamientos en voz alta. Verbalizar tus pensamientos significa tener una conversación positiva contigo. A lo mejor suena un poco tonto, pero mucha gente sostiene conversaciones internas que suelen ser negativas. Por eso, quienes aprenden a tener conversaciones positivas con ellos mismos tienen más opciones de vencer la situación. Declara el bien sobre tu vida y aprende a hablar con poder acerca de tu situación. He usado esta técnica durante años para calmarme en medio de situaciones difíciles y he observado que mis propias palabras me producen paz y tranquilidad mental y espiritual. Me siento un vencedor cada vez que me digo a mí mismo: "¡Permanece en calma! ¡Quédate tranquilo! ¡Este no es un problema mayor! ¡Todo estará bien, es cuestión de permanecer calmado!" Suena demasiado simple y, sin embargo, es bastante efectivo. Te recomiendo que lo intentes, verás que funciona. Y mientras más practiques el hecho de hablar en voz alta declarando calma en tu vida, más capaz serás de manejar situaciones retadoras. Hazlo por ti mismo, ¡te sorprenderás!

Habla positivamente de la situación

Vendrán momentos en los que necesites hacer uso de tu fe para encontrar una solución. Yo creo que es importante aprender a hablar con positivismo de tus retos y circunstancias difíciles. He enfrentado momentos en los que las circunstancias estaban totalmente fuera de control. Y en esos momentos he hablado conmigo mismo acerca de mi fe y de mis expectativas, y he observado que mis palabras le imprimen calma a la situación y a mi propia vida.

Por ejemplo, hace años llevé a mi mamá para que le hicieran su manicure, y mientras la esperaba una de las manicuristas me convenció de arreglarme las uñas. Parte del proceso era masajearme las manos con crema antes de cortarme las uñas y entonces me pidió que me quitara mi argolla de matrimonio, pero yo me opuse porque acababa de celebrar mi décimo aniversario de bodas y mi esposa y yo nos habíamos regalado unas argollas muy especiales. Ella insistió en que me la quitara pues ya estaba lista para aplicarme la loción y hacerme el masaje. Cuando ya estaba terminando, mi madre dijo que necesitaba hacer otra cita para ella. Yo me paré rápidamente, pagué y me dispuse a ayudarla a subirse al carro.

¡Por supuesto que se me olvidó mi argolla! Cuando llegué a casa me acordé de ella y traté de llamar al salón de belleza, pero ya habían cerrado. Lo único en lo que podía pensar era en que había dejado mi argolla en un lugar visible y en la cantidad de gente que se encontraba en aquel lugar. Comencé a sentirme nervioso pensando en que alguien la tomara accidentalmente y mientras más pensaba en el asunto, mayor era mi temor. Llegué al punto en que comencé a sentir pánico, pero luego me acordé que el pánico no es una respuesta saludable a ninguna situación. Comencé a hablar conmigo mismo y a decirme: "¡No te preocupes! Recuerda, Willie: tú eres un hombre bendecido altamente favorecido. ¡Todo saldrá bien!" Dije esto una y otra vez y me fui a acostar esa noche utilizando esa afirmación para mantenerme en calma: "¡No te preocupes! Recuerda, Willie: ¡tú eres un hombre bendecido y altamente favorecido! ¡Todo saldrá bien!" A la mañana siguiente fui al salón y rápidamente corrí al lugar donde había dejado mi argolla —pero ya no estaba allí. Busqué a la manicurista que me atendió, pero todavía no había llegado. Sentí miedo y traté de controlarme, pero decidí continuar hablando con tranquilidad acerca de la situación y repitiendo mi mantra. Cuando al fin llegó, corrí hacia ella y le dije que había dejado mi argolla sobre el mostrador. Ella me miró y me pidió que me sentara. Luego abrió el cajón de su escritorio y dijo: "¡Aquí tiene! Se la guardé porque no tenía su número telefónico ni cómo comunicarme con usted, pero la guardé porque me imaginé lo importante que era para usted su argolla de matrimonio y quería asegurarme de que la recuperara". La abracé y le agradecí. Después escribí una nota para recordarme a mí mismo permanecer en calma siempre y aprender a declarar el bien sobre mi vida y sobre las situaciones difíciles.

¡Esto también pasará!

A lo largo de la Biblia encontramos la expresión *"aconteció"*, la cual casi siempre implica que una situación o experiencia determinada llegó a su fin. Pero esta expresión también tiene otro significado que considero muy poderoso durante tiempos difíciles y de numerosos cambios: quiere decir que la situación no vino para quedarse sino que aconteció y en algún momento desapareció.

Las tormentas económicas llegan a nuestra vida en distintos momentos, pero es necesario mantener en mente el hecho de que pasaran, que no vinieron para quedarse. Yo también he tenido que exclamar en tiempos difíciles que "¡esto también pasará!" Por eso te aconsejo que no te asustes ni saltes de ningún puente porque tu situación también pasará. Vino, pero no para quedarse. ¡También pasará!

Toma sabias decisiones

Me encontré con mi amigo Donald Cooper, conferencista y entrenador canadiense, y me contó durante nuestra conversación una historia que su padre solía contarle. Su papá le enseñó que tenía que estar dispuesto a atravesar el puente para llegar al otro lado; que en el proceso habría temores y desconfianza, pero que, una vez lo atravesara, encontraría experiencias y paisajes que jamás experimentaría si no se atrevía a cruzar.

Si tomas decisiones equívocas y no miras al futuro con grandes expectativas, entonces no estás disponiéndote a encontrar experiencias maravillosas en el camino que te quede por andar. Mucha gente se deja vencer por el pánico y toma decisiones erradas convirtiendo pequeños valles en enormes montañas que los persiguen durante años. Y también hay quienes toman decisiones todavía peores y terminan por acabar con sus vidas, y al hacerlo, están tomando decisiones definitivas a causa de problemas temporales. Nunca te des por vencido cuando estás en medio de una tormenta. Recuerda que ¡el sol brillará de nuevo! ¡Esta tormenta también pasará!

Bajo presión pero bendecido... Aprende a mantenerte en calma

Hay momentos en los que la vida es agitada y se complica poco a poco, pero eso no significa que tú también debas complicarte. Recuerda que quienes triunfan son aquellos que tienen la habilidad para permanecer tranquilos frente a tiempos difíciles. Mientras más pongas en práctica la costumbre de permanecer calmado, más calmado estarás cuando lo necesitas.

En una ocasión se me incendió mi carro. Había viajado a Wisconsin y Minnesota para dictar allí unas conferencias. Mi esposa, Dee, decidió no viajar conmigo porque tenía programado un retiro de mujeres en Virginia. Además, dictaría nuestra clase de habilidades comunicativas ese domingo. Lo cierto es que se fue en nuestro Mercedes último modelo hasta Williamsburg, Virginia, y obviamente, tuvo que manejar de regreso a Washington, D.C. Al día siguiente me recogió en el aeropuerto y nos fuimos para el hotel National Harbor, en Maryland, para estar allí en el programa preparado para mi participación en la tarde. Después del programa decidimos pasar por nuestra iglesia para aprovechar por lo menos la última parte del estudio bíblico. Cuando el estudio terminó, mientras yo hablaba con el pastor, alguien entró de afán gritando: "¡Willie, tu carro se está incendiando!" Salimos al parqueadero y el carro estaba envuelto en llamas.

Según la Policía, el carro había comenzado a echar chispas y luego empezaron a salir llamas de debajo del capó y del tablero de mando, y por supuesto tuvieron que llamar al Departamento de Bomberos. Como el sistema eléctrico se había quemado, se desactivó y no pudieron abrirle las puertas ni el capó y fue necesario utilizar un hacha para romper los vidrios de las ventanas y así poder abrir el capó para controlar el incedio.

Mientras estábamos allí viendo cómo nuestro carro se consumía en medio de las llamas alguien nos preguntó cómo nos sentíamos y yo respondí: "¡Me siento bendecido y agradecido! Este es solo un pequeño inconveniente; y los inconvenientes no son otra cosa que un motivo para volver a comenzar".

"En realidad tú crees en todo aquello de lo que hablas, ¿cierto?", me dijo esta persona. Mi respuesta fue: "¡Estás en lo cierto! Este no es un problema mayor. ¡Se hubiera podido incendiar mientras mi esposa iba de camino al retiro de damas o a dictar nuestra clase o a recogerme en el aeropuerto y llevarme a mi programa o mientras veníamos camino a la iglesia esta noche! Me siento bendecido y muy agradecido. Sé que este no es el fin del mundo. Era solo un carro y se puede reponer, ¡pero no podría reponer a mi esposa!"

La gente estaba sorprendida de que yo estuviera tan calmado. Lo que ellos no sabían es que yo *aprendí* a estar calmado y a no dejar que circunstancias externas interrumpan mi paz interna y mi gozo. La felicidad es por lo general el resultado de eventos externos que ocurren en tu vida. Pero el gozo es el resultado de controlar tu interior y yo decidí hace mucho tiempo que no permitiría que nada me robara el gozo.

Tú también tienes la capacidad de desarrollar la calma dentro de ti aun en medio de tiempos difíciles. ¿Cómo? Primero, comprométete contigo mismo a decirte cosas que te calmen. Practica la calma diciendo en voz alta: "¡Permanece tranquilo y no te asustes!" Luego, pregúntate: *"¿Dejará de girar el mundo debido a esto?"* Si la respuesta es no, ¡entonces sigue avanzando hacia tus metas!

A propósito, quiero contarte el resto de la historia. De verdad, estoy convencido de que un fracaso no es más que un motivo para el inicio de otro éxito y de que es necesario permanecer en calma y mantener la fe. Como dije antes, nuestro carro era un Mercedes último modelo, y cuando le dije a los funcionarios de la Mercedes lo que había pasado ellos se pusieron a trabajar en el asunto y me enviaron un Mercedes Edición Especial, mucho mejor y con más alarmas y artefactos que el primero. Es por eso que no debemos preocuparnos ni perder el control, ¡porque estoy convencido de que un fracaso es en realidad el comienzo de un triunfo nuevo!

Cálmate y piensa

Cuando la vida nos tira bolas curvas es muy probable que estas formen ondas por el camino y que, una vez que el movimiento comience, nos dejemos llevar de la situación y nos descontrolemos. Es justo en estos momentos cuando la mayoría de la gente se involucra en la situación sin detenerse a pensar antes de actuar y por el simple hecho de que los demás alrededor también se pusieron en movimiento. Es muy típico que en situaciones de alta tensión las personas actúen sin pensar. Cuando se produce una estampida de ganado es porque cada vaca se deja llevar por la manada. Todos hemos visto a las multitudes en los partidos de fútbol comportarse alocadamente y pelear unos con otros por estupideces y después no tener ni la menor idea de por qué pasó lo que pasó. Los involucrados no logran explicarlo y apenas sí pueden describir la situación diciendo "¡que fue algo tan rápido que nadie sabía lo que estaba pasando!" Sin embargo, ¡todos se involucraron! Es por eso precisamente que es tan importante permanecer en calma incluso cuando los demás están perdiendo el control. Es crucial recordar que, porque alguien más está descontrolado, no significa que tú también te descontroles. Yo siempre practico el ejercicio de permanecer en calma cuando la gente a mi alrededor está comenzando a perder el control por algún asunto que surja de manera imprevista. ¡Aprende a estar en calma!

Desarrolla dominio propio

"Porque no te ha dado Dios un espíritu de cobardía, sino de poder, amor y dominio propio". 2 Timoteo 1:6

Aprende a mantenerte en calma, controlado y analítico antes de actuar. Desarrolla tu capacidad para estar calmado, compuesto y con dominio propio. Y, sea lo que sea que hagas, recuerda que Dios te ha bendecido con vida, con poder, con la habilidad de amar y con la posibilidad de mantener una mente calmada y controlada. Recuerda: mantener la calma es una elección… así que te recomiendo que la pongas en práctica y que no la pierdas.

Habla contigo mismo y aprende a utilizar un lenguaje que te ayude a permanecer calmado y controlado antes de actuar. Es esencial que no pierdas tu compostura porque, una vez la pierdas, ¡habrás perdido la batalla!

Quebrado, acabado y disgustado

Cuando estamos quebrados, todo se vuelve más grave. Nuestros problemas se convierten en gigantescas montañas y nuestro sufrimiento se hace mayor. Pasamos de estar quebrados a estar acabados y muy disgustados. Los malos tiempos afectan a la gente de diferentes maneras. Cuando alguien pierde su trabajo, su casa, los ahorros de toda su vida, también pierde su sentido de seguridad personal. He observado que, cuando comienzo a sentirme sobrecargado con el estado de las cosas, o cuando enfrentó problemas personales que pueden afectar mi sensatez, necesito alejarme un poco de la situación para descansar y recuperarme para dar la pelea.

Primero, déjame decirte que el éxito es una pelea. No va a ser fácil lograrlo; si así fuera, todo mundo lo lograría. Alguien dijo que, cuando enfrentamos un problema muchas veces es provechoso alejarnos un poco de él en determinado momento para pensar mejor o estaremos camino a un problema mayor. La vida es un reto que vale la pena enfrentar.

¿Qué deberías hacer cuando estás deprimido? Primero, necesitas identificar si tu depresión es química o emocional. Una depresión química necesita tratamiento médico porque es una cuestión seria que requiere atención profesional. Sin embargo, hay otra clase de depresión que viene como resultado de una aflicción emocional producida por una situación negativa que agobia nuestra mente y que perturba nuestra perspectiva del mundo. Los estudios demuestran que una descarga constante de información negativa altera nuestro estado emocional y nuestra visión del mundo y de la vida. Todos hemos experimentado un día pesado en el que "Murphy" vino a visitarnos (Me refiero a la Ley de Murphy: lo que nunca sale mal, ese día sí sale de la peor manera posible). Cuando estés afrontando esos momentos, te recomiendo que tomes la decisión de responder decidiendo controlar tus sentimientos antes de que ellos te controlen a ti.

Cuando la vida te enfrente a serios fracasos y la depresión trate de apoderarse de ti, es crucial que reestructures tus pensamientos. Te recomiendo los siguientes pasos:

Cambia de ambiente

Deja por un momento el lugar en el que te encuentras y cambia de ambiente. Vete a caminar, maneja un rato, dirígete hacia un área distinta al lugar donde estás. La clave es que cambies la información que acabaste de recibir dándote la oportunidad de cambiar de panorama y recibas una nueva información y una nueva perspectiva desplazándote hacia a otro lugar. Ese cambio tiene un tremendo efecto sobre tus emociones.

Hace unos años, cuando murió mi tía Eunice, comencé a sentir una cierta depresión. Mi tía Eunice fue una segunda madre para mí, y después de que mi madre murió de una larga enfermedad, la tía Eunice se convirtió en una madre sustituta para mí. Yo hablaba con ella todas las semanas. Cuando ella murió, su muerte me golpeó bastante fuerte y me di cuenta de que necesitaba reestructurar mi pensamiento, así que les dije a mis empleados que ya regresaba y tomé mi carro y me fui a dar una vuelta durante largo rato. Me fui para un parque, y a medida que veía la belleza del entorno tuve una conversación conmigo y me hice preguntas que por lo general les hago a las familias que han perdido a sus seres amados: "¿Vas a maldecir porque las rosas tiene espinas? ¿Renegarás porque tu ser amado se ha ido o vas a celebrar que lo tuviste?" Entonces comprendí que necesitaba celebrar los años que pasé junto a la tía Eunice y comencé a sentirme mejor. Luego pensé en una de mis frases favoritas de la notable escritora y poeta Maya Angelou: "Si algo no te gusta, cámbialo. Si no puedes cambiarlo, cambia tu actitud". Yo no podía cambiar las circunstancias así que decidí cambiar de actitud y mi nueva actitud cambió mi manera de pensar y mi estado de ánimo.

Renueva tu pensamiento mediante una actitud de gratitud

Otra técnica poderosa para combatir la melancolía y sobreponerte a la depresión es pensar en todo aquello por lo cual te sientes agradecido. Toma un momento y enfócate en todo lo que tienes y no en lo que no tienes. Como dijo mi amigo W. Mitchell después de quedar paralizado debido a un accidente aéreo: "Antes de estar paralizado había 10.000 cosas que podía hacer. Ahora hay 9.000. Puedo lamentarme por las 1.000 que ya no puedo hacer o enfocarme en las 9.000 opciones que todavía tengo".

Otra técnica para ayudarte a reestructurar tu pensamiento y cultivar una actitud de gratitud es agregar la frase "por lo menos" cada vez que estés hablando sobre los retos que intentan quitarte el ánimo. Por ejemplo, di: "Me bajaron el sueldo, pero por lo menos tengo trabajo". "Perdí mi trabajo, pero por lo menos tengo salud". "Estoy enfermo, pero al menos sigo vivo.". Cuando agregas ese "por lo menos", estás cambiando tu manera de pensar porque te permite enfocar tu perspectiva siendo positivo en lo que tienes y a partir de ahí comienzas a reestructurar tu pensamiento y a sobreponerte a tu depresión. Cuando tienes una actitud de gratitud, ves la vida desde una perspectiva distinta. Cada día es un festivo, cada comida es un banquete y cada sorbo de agua es un brindis por la vida y el amor. ¡Vive agradecido!

Piensa en ayudar a otros

A lo mejor te suena muy simple, pero hacerlo ejerce un gran impacto sobre tu situación. Los científicos sociales han descubierto que cambiar tu enfoque en ti mismo para ayudarles a otros tiene un efecto benéfico para sobreponerte a la depresión. Al observar a los demás y encontrar maneras de ayudarles en lo que necesitan te das cuenta de que eres un ser valioso y de mucha ayuda. Enfocar tu atención y energía para servirles a otros minimiza tus problemas y te ayuda a darte cuenta de lo bendecido que eres. Es como dice el viejo refrán: "Estaba sintiendo lástima por mí mismo porque no tenía zapatos hasta que conocí a alguien que no tenía pies". Si quitas tu atención de tus problemas y abres tus ojos a las situaciones y circunstancias de quienes te rodean, hallarás una oportunidad para ayudarlos, y mientras lo haces, ¡te estarás ayudando a ti mismo!

Te recomiendo que trates de animar a otros porque así tú también te sentirás animado. Si estás dispuesto a colaborarles a otras personas y rocías sobre ellas un poco de perfume, es imposible que parte de ese perfume no te impregne también a ti. Ayúdales a los demás ¡y te estarás ayudando a ti mismo!

Selecciona tus pensamientos

Otra manera de reponerte a la depresión y mejorar tu estado de ánimo es seleccionando tus pensamientos. Lo que tienes en tu mente determina tu manera de actuar. Así que desentiéndete de la información negativa que recibiste y que te llevó por el camino de la depresión y comienza a desviar tu atención de todo aquello que te produce tristeza y enfócate en mejores pensamientos.

En mi caso, la música es una herramienta maravillosa que me alegra el alma. De hecho, convertí en un hábito escuchar música a diario sin importar lo que esté ocurriendo en mi vida; la música siempre me hace sentir mejor. A veces me saca de la tristeza y me ayuda a volver a sentirme equilibrado y a retornar a la normalidad.

Jamás olvidaré una ocasión hace algunos años en la que me encontraba en Annapolis, Maryland, para hacer una conferencia durante un gran evento hotelero. El evento era durante la noche y yo llegué la noche anterior para pasar el día siguiente conociendo la cultura del hotel y a sus empleados. Después de un tour que hice en la mañana, me quedó la tarde libre y regresé a mi cuarto. Prendí la televisión y me dispuse a preparar algunas cosas. La película *Selena* acababa de comenzar y captó mi atención. Había escuchado de esta joven que se volvió una superestrella dentro de la comunidad hispana. Era una historia intrigante y debido a su maravillosa música resulté enganchado en la película. La vi toda y al final esta mujer es trágicamente asesinada por una fanática peligrosa. Vi cómo su familia y la comunidad entera sufrieron por el hecho y me invadió la tristeza. ¡Resulté deprimido! De repente me di cuenta de que me quedaba como una hora antes de dirigirme a la conferencia frente a toda esta gente en el salón principal del hotel. Sabía que tenía que superar esta depresión y que tenía que ser rápido. Entonces saqué mi iPod y busqué la canción *You've Got to Keep Kicking*, una canción escrita por mi amigo Tony Taylor que había estado sonando hacía poco. Escuché la canción y de inmediato mi tristeza desapareció y comencé a sentirme mejor. A medida que escuchaba más canciones de mi lista personal me sentí cada vez mejor y fue así como volví a la normalidad y me dispuse a prepararme para animar a la audiencia que me esperaba.

En la Biblia observamos que el Rey Saúl sufría de depresión y que cada vez que se entristecía lo primero que hacía era llamar a David para que viniera a tocar con su arpa y disipar así su tristeza. Se ha dicho que la música tiene la capacidad de domar bestias salvajes ¡incluso si esa bestia se encuentra dentro de nosotros!

La música que te inspira y te sube el ánimo puede alegrarte el día y darte esperanza, y cuando tienes esperanza en el futuro, te sientes poderoso en el presente. Es cierta la conocida frase: "La música tiene el poder para domar fieras, ablandar piedras ¡o doblegar al más fuerte de los robles".

Llénate de todo lo puro, de todo lo poderoso y de todo lo positivo

Otra manera de reestructurar tu pensamiento y combatir la depresión es llenándote de todo lo puro, lo poderoso y positivo que haya tu alrededor. Haz una lista de afirmaciones y frases que estén de acuerdo a tu sistema de valores. Yo casi siempre me apoyo en referencias bíblicas tales como: "Si Dios es con nosotros, ¿quién contra nosotros?" (Romanos 8:28-31) También pienso en: "Los que esperan en el Señor, renovarán sus fuerzas; se remontarán como las águilas; correrán y no se cansarán; caminarán y no se fatigarán." (Isaías 40:31).

Te recomiendo que tengas una lista de frases que te inspiren y te motiven en momentos de afrontar situaciones difíciles. Mis favoritas son:

- ¡Un fracaso no es otra cosa que el comienzo de un nuevo éxito!
- Lo mejor está por llegar.
- Sin importar lo que ocurra ¡yo sé que soy bendecido y altamente favorecido!
- Cuando no entiendo nada, sé que Dios lo sabe todo... e independientemente de cuál sea la situación, ¡Dios y yo somos mayoría!

He aprendido que debemos hablar en voz alta con el fin de infundirle poder a nuestra vida porque nuestras palabras ejercen impacto sobre nuestro pensamiento y en nuestros sentimientos.

Te recomiendo que memorices frases bíblicas e inspiradoras que te ayuden a combatir los síntomas y el drama de la depresión.

Descansa y rejuvenécete

Otro remedio para la depresión es una solución muy sencilla y sin embargo muy efectiva: descansa y rejuvenécete. A veces necesitas alejarte para darte un tiempo de descanso y rejuvenecimiento que te permita ponerte en pie y volver a la lucha. Recuerdo que después de un día particularmente difícil para mi amigo Greg Owen, un empresario y exitoso experto que vive en Sydney, Australia, hablé con él y me dijo: "Willie, esta ha sido una dura pelea, así que voy a tomarme una aspirina y a recostarme, y cuando despierte, ¡estaré listo para volver a la pelea!"

A veces, todo lo que necesitas es descansar y revitalizarte. Somos seres humanos y nos cansamos y necesitamos descansar y retomar nuevas fuerzas. Aprende a descansar apropiadamente, a hacer ejercicio, a tener una dieta balanceada; todo esto te ayuda a ganar la batalla en contra de la depresión.

Hay quienes dicen que el éxito es el resultado de la inspiración o de la desesperación, y yo creo que hay algo de cierto en esta afirmación porque a veces se nos ocurren las mejores ideas en medio de situaciones extremas, cuando nos sentimos presionados a ganar y a no permitir que el miedo se apodere de nosotros. Existe una línea muy tenue entre estar presionado y estar atemorizado, pero esa es la línea que los triunfadores aprenden a no cruzar. Así como también existe una línea muy fina entre la confianza en sí mismo y la arrogancia; quiénes son exitosos saben dónde está esa línea y desarrollan la disciplina que les ayuda a no cruzarla.

Bob Johnson, el billonario hombre de negocios que fundó Black Entertainment Television, sostuvo: "El mismo martillo que rompe el vidrio también templa el acero". Todos afrontaremos desafíos y dificultades a lo largo de la vida, pero debemos prepararnos de tal manera que seamos capaces, no solo de enfrentar las circunstancias, sino de crecer a través de ellas. Nuestra respuesta a los retos de la vida determina la manera en que la presión nos afecta. Las presiones tienen la capacidad de convertirnos en mejores personas —o de destrozarnos y volvernos amargados. Te recomiendo que utilices las presiones de la vida para ser cada vez mejor y convertirte en el diamante que se supone que debes llegar a ser. No te conformes con atravesar las malas rachas, ¡crece a través de ellas! ¡No te dejes amedrentar!

Mi buen amigo el conferencista y escritor Dr. Terry Paulson escribió un gran libro que lleva por título *The Optimism Advantage: 50 Simple Truths to Transform Your Attitude and Actions into Results* (John Wiley & Sons, Inc., 2010). En su libro él hace un estupendo trabajo para ayudarnos a utilizar el optimismo como una fuente inagotable de éxitos y bienestar. Escribe:

> "Proclamar las ventajas del optimismo no es cuestión de sentirnos hipermotivados. El optimismo es una actitud que se adquiere a través de mantener el récord de los obstáculos que hemos vencido. Entre mayores sean los fracasos y la adversidad que hayas afrontado, más fácil será que creas que estás listo para enfrentar el siguiente reto y vencerlo. Los tiempos difíciles son el camino hacia grandes triunfos. Los optimistas son gente realista que sabe resolver los problemas sin evadirlos. Ellos quieren saber cuáles son esos obstáculos que están enfrentando para así dedicarse a encontrar soluciones. Los optimistas entienden que la fortuna es en realidad el punto en donde se encuentran la búsqueda de una buena entrada de nuevos ingresos con una excelente idea que cause buen impacto. Mientras más capacidad tengas para resolver los problemas, mayor será tu capacidad para trabajar en ellos y más dinero conseguirás. Haz el compromiso de convertir tu preocupación en acciones constructivas diarias. Avanza un día a la vez e irás acercándote hacia tus propósitos

poco a poco. Todo empresario exitoso te dirá que el camino hacia lograr una fortuna está lleno de puertas cerradas, de fracasos, derrotas, y también de la gran satisfacción de lograr tus propósitos a lo largo del camino. No permitas que nadie te vea como una víctima; tú eres un sobreviviente resiliente que ha decidido ir detrás de su sueño. Las riquezas no son la única meta; en realidad son el resultado de transformar nuestros dones en una misión que marque una diferencia por la cual la gente esté dispuesta a pagar el precio. Cuando encuentras tus dones, identificas tu misión y la mezclas con actitud positiva, ¡la fortuna y el significado de tu vida vienen en camino!"

PASO 2

NO PARTICIPES SINTIENDO AUTOCONMISERACIÓN DELIBERADAMENTE

Quiero decir: "Demasiadas personas siguen a la multitud, incluso si la multitud va en la dirección equivocada". Habiendo dicho esto, te animo a que decidas que tú no participarás deliberadamente en sentir autoconmiseración —y la palabra clave en este enunciado es: "deliberadamente".

Durante muchos años, cada vez que hablaba sobre los desastres económicos, solía agregar: "¡A mí no me está afectando esta recesión!" Y lo dije hasta que un día caí en cuenta de que todos, sin excepción, recibimos el impacto de las malas rachas económicas. Además comprendí que decirle a alguien que acaba de perder su casa o sus ahorros de toda la vida que "a mí no me está afectando la recesión" era demasiado fuerte. Yo no quería que lo fuera, pero sin embargo, era inapropiado decirle, en medio de su pesadilla financiera, que ignore lo que le está ocurriendo en su propio pellejo. En mi corazón, yo quería decirle a la gente: "¡No sea negativo ni crea en las malas noticias!" Pero es imposible negar el impacto de ciertos eventos en nuestra vida, no importa lo mucho que intentemos que no nos afecten.

Tuve que repensar mi mensaje y decir algo que fuera más claro, que llevara un mensaje de fortaleza y ánimo a aquellos que han sido afectados por el desastre económico sin habérselo propuesto. Y mientras pensaba en qué sería lo adecuado para decir en esos casos, se hacía cada vez más claro el hecho de que uno no elige verse afectado por los malos tiempos, ¡pero sí puede elegir participar en ellos por voluntad propia! En otras palabras, no tenemos que hacer la fila de los que van al degolladero solo por ir de acuerdo con las circunstancias, ni tampoco hay necesidad de contribuir al problema, pero sí estamos en capacidad para ser parte de la solución.

Cuando participamos deliberadamente de una mala situación, nos convertimos en víctimas voluntarias. Una víctima voluntaria es alguien que por su propia decisión se pone en la posición para dejarse victimizar. Demasiadas personas se ponen en la línea de ejecución durante tiempos difíciles —que es cuando no tienen que hacerlo. No te pongas en la misma línea con quienes hayan decidido darse por vencidos durante las adversidades. ¡No seas como la oveja que se pone en la fila de las que van rumbo al matadero!

Creo que ser un participante voluntario del fracaso es como ir por todas partes con un aviso colgado al cuello que diga "*¡Golpéenme!*" No lo dudes: la vida te golpeará y seguirá golpeándote, si se lo permites. Con bastante frecuencia digo que la vida busca gente a la cual derribar y mantener postrada; aquellos que son desafiantes son quienes logran que la vida los deje tranquilos. Si tú estás dispuesto a dar la pelea y a ser desafiante, la vida te dejará tranquilo y seguirá en busca del tonto al cual derribar.

Viajo bastante, y en uno de esos viajes llegué al aeropuerto dispuesto a ingresar mis maletas y tomar mi vuelo. Era un día de invierno, así que entré rápido para hacer todo el trámite y subirme al avión, pero la línea de chequeo estaba muy larga. Entonces supuse que a ese paso no alcanzaría a tomar mi vuelo. Necesitaba ver qué otras opciones tenía. Me abrigué bien y volví a salir ya que generalmente afuera hay otra ventanilla de ingreso. Hacía frío, pero la línea era más corta y logré hacer el trámite más rápidamente y me dispuse ahí sí a tomar el vuelo.

Cuando pasé por la fila que había dentro del aeropuerto, observé a una joven que miraba su reloj con mucha ansiedad y que se veía muy preocupada. Me detuve y le pregunté si se sentía bien. Ella me contestó que llevaba en la línea un buen rato y que necesitaba ingresar su equipaje. Yo le pregunté por qué seguía en esa línea si había otras opciones y ella me respondió: "¡Porque toda la gente está en esta línea!" Entonces llamé al empleado aeroportuario que me acababa de ayudar y le pregunté si podía ayudarla. Él revisó su tiquete de vuelo y le dijo: "¡Ya es demasiado tarde! El vuelo ya se cerró". Resultó que ella perdió su vuelo porque se hizo en la misma línea en la que estaba toda la gente y no pensó en buscar otras opciones.

En cuestiones de la vida, no te hagas en la misma línea con el resto de la gente… revisa tus opciones. Jesús nos enseñó: "Si un ciego guía a otro ciego, los dos caerán a la zanja". (Mateo 15:14). Siempre estoy animando a la gente a que busque distintas opciones y tome la decisión que más le convenga. Quítate de tu cuello el aviso de "*¡Golpéenme!*" y decide de una vez por todas que no participarás *deliberadamente* en ningún desafío económico, recesión, depresión, ni situación por el estilo. A lo mejor creas que es necesario, pero tú no necesitas tomar parte activa y voluntaria en un caos. Mucha gente sigue a la multitud, incluso si la multitud va en dirección equivocada.

No tenemos por qué conformarnos con el estado de las cosas sin por lo menos dar la pelea. Tengo un cuadro en una de las paredes de mi oficina que dice: "La vida es una pelea en busca de territorio. Cuando dejas de pelear por lo que quieres, ¡lo que no quieres tomará control automático sobre la situación!" Es en esos momentos de desafíos cuando debemos avanzar hacia nuestras metas y sueños o de lo contrario el temor se apoderará de nosotros. La elección es literalmente tuya. Es durante esos momentos cuando debemos animarnos a nosotros mismos a dar la pelea. Es maravilloso si tienes a un grupo de gente que está a favor tuyo animándote, pero a veces no tienes a nadie que te ayude a levantarte y solo te tienes a ti mismo.

Por eso es esencial aprender a tener conversaciones positivas contigo mismo. Es posible mentalizarnos en que no pararemos de dar la pelea sin necesidad de gritar y asustarnos. ¡No te des por vencido sin luchar! En otras palabras, ¡te estoy diciendo que es importante que seas irracional y desafiante! Es correcto, ¡irracional y desafiante! Debes estar dispuesto a luchar por tus metas. Piensa en toda la gente que dice que quiere alcanzar sus metas y sin embargo está dispuesta a lograrlo, pero únicamente si el camino es fácil. Así es como la mayoría de la gente actúa frente a sus propósitos y a sus sueños; irán tras ellos, solo si no les representan inconvenientes. ¡No! Esa no es la manera de llegar a una meta. Debes anhelarla y estar dispuesto a luchar hasta convertirla en realidad.

Es necesario decidir que no pararemos de luchar. En otras palabras, te estoy diciendo que es importante que seas irrazonable y desafiante. ¡Tienes que serlo!

Durante años he dicho que uno tiene que ser irrazonable cuando se trata de conseguir lo que quiere en la vida. Ser irrazonable no significa ser rudo ni desagradable, sino que no aceptes un "no" por respuesta. No estés dispuesto a dejar de luchar por tus sueños y tus metas solamente porque otros no comparten tu visión. Si no son otras personas, es posible que sean las circunstancias mismas de la vida las que te sugieran que deberías aceptar el estado de las cosas y dejarlas tal y como están. A eso me refiero cuando digo que debes ser irrazonable. La vida te dirá: "Sé razonable y acepta la situación", pero yo te invito a que contestes: "No, no la acepto y no voy a tomar esa opción". Te lo vuelvo a decir: no necesitas ser rudo ni desagradable para defender tu punto de vista. Todo lo que necesitas hacer es tomar la decisión de no participar deliberadamente en tu derrota. Para combatir una recesión o un fracaso económico debes estar dispuesto a luchar, así que lucha por tus sueños y tus metas, y mantente en pie de guerra.

La Biblia dice que tenemos vida y que la tenemos en abundancia. La recesión, la depresión y todas las demás calamidades económicas no son la manera en que Dios quiere que vivamos. Esas son situaciones demoniacas y es necesario que regresen al lugar de donde vinieron... el infierno. Por eso es que yo me despierto cada mañana y le doy gracias a Dios por otro día y por otra oportunidad para llevar a cabo mis sueños y no para vivir atemorizado. A Él toda la gloria todos los días de mi vida por la oportunidad que me da para marcar una diferencia y obtener una ganancia. Es por eso que me levanto a diario y le digo: "¡Buenos días, Señor!" Es por eso que digo cada mañana: "¡Este va a ser un gran día porque tengo vida y el gozo de la libertad para convertir este en un gran día!" No tengo libertad para elegir lo que pueda pasarme ni tampoco puedo elegir lo que sucederá a mi alrededor, pero tengo la total libertad para elegir qué pasará dentro de mí... ¡y por eso elijo ser feliz, estar agradecido y emocionado por cada día de vida que tengo!

No te pongas en la misma fila con la gente que ha decidido conformarse con sus fracasos y con los tiempos difíciles. Cuando tomas la decisión de que no participarás deliberadamente en quedarte ahí es porque entiendes que al hacerlo serás absorbido por las circunstancias y por las malas noticias que los medios anuncian. Recuerda que lo que escuchas en los medios no solo ejerce influencia sobre ti, sino que puede tener un impacto en tus años venideros y en tu futuro en general.

Me encontré con un amigo de mi infancia y le pregunté por su hermano, quien era mi compañero de juegos cuando estábamos en la escuela. Mi amigo me preguntó si yo estaría dispuesto a llamar a su hermano porque estaba pasando por unos tiempos muy difíciles y necesitaba mucho ánimo para ponerse en pie. Yo le respondí que estaría feliz de hacerlo y lo llamé. Después del saludo inicial, le dije: "Me encontré con tu hermano y él me dijo que te llamara. ¿Cómo va tu vida?" Mi amigo respondió: "Las cosas no van muy bien.

Llevo bastante tiempo sin trabajar y estoy atrasado en todas mis cuentas". Le pregunté: "¿Dónde has estado mirando posibilidades de empleo?" Su respuesta me sorprendió. Me dijo: "¡No he buscado nada porque las noticias en la televisión anuncian que no hay empleo!" Infortunadamente, mucha gente cae en este error porque confía en que los noticieros son anunciadores honestos de lo que ocurre en nuestra sociedad cuando en realidad lo que están compartiendo es su propia perspectiva de la verdad.

Sí, es cierto que los tiempos están difíciles y que es complicado conseguir empleo, pero no imposible. ¿Cómo lo sé? Bueno, mientras aquí en Estados Unidos la gente está diciendo que no es posible conseguir un trabajo, los que llegan de otros países no solo están consiguiendo uno, ¡sino múltiples trabajos! Son empleos que a lo mejor no son los más deseados, pero también son una manera de mantener las cuentas al día hasta que puedas conseguir ese trabajo que tanto deseas. Cuando la gente dice que "no hay empleo" yo siempre me pregunto… si no hay empleos ¿por qué todavía existe una sección en los periódicos anunciando empleos? Todavía hay páginas y páginas a diario llenas de oportunidades de empleo. Mi antiguo compañero de la infancia había caído en el error de dejarse creer por lo que muchos opinan. Se había convertido en un participante voluntario de los malos tiempos. La experta en mercadeo en red Hope Elliott me dijo cuando fui a hacer una conferencia frente a su grupo: "¡Ser pobre es dejar pasar constantemente las oportunidades que se nos presentan!" Abre tu mente a las posibilidades y alcanzarás tus metas. Recuerda que a veces las oportunidades golpearán a tu puerta y tú les dirás: "¡Dejen de hacer tanto ruido y váyanse!" ¡Abre tus ojos y tu mente a las grandes oportunidades que están a tu alrededor!

El secreto para triunfar consiste en disponernos a pensar más allá de las adversidades e ir en busca de las buenas oportunidades que se nos presenten. No debes convertirte en un participante voluntario de las adversidades económicas. ¡Debes luchar y luchar sin cansarte!

No sientas autoconmiseración

La palabra *conmiseración* se utiliza por lo general cuando vemos personas que se sientan y se dedican a quejarse de que su equipo favorito perdió. Sin embargo, cuando se trata de ir en busca del éxito en medio de tiempos difíciles, esta palabra es importante. Quiero alertarte a que estés en contra de la conmiseración en el juego de la vida. La práctica de ir por ahí hablando sobre lo mal que están las cosas hará que la gente que te rodea no quiera ayudarte a llegar a ninguna parte. Con frecuencia, cuando algo malo sucede, encontramos gente que tiene el hábito de hablar solamente de eso —y es lo único que hacen. Actuar de esta manera no solo le prende fuego a la hoguera que ya está ardiendo alrededor de esa persona que proclama calamidades, sino que, con su actitud, ella misma está construyendo el escenario para que la vean con una mentalidad de víctima.

La gente que practica la autoconmiseración es aquella que llama y dice: "¿Escuchaste la mala noticia sobre la Compañía XX que se fue a bancarrota?", "¿Oíste que en tal empresa están despidiendo a los empleados? ¡Qué angustia! ¡Qué angustia!"

La gente que siente autoconmiseración es aquella que prefiere quejarse de sus problemas que hacer algo para arreglarlos. Todos tenemos la elección de hablar sobre todas las malas noticias que escuchamos en los noticieros y repetirlas todo el tiempo; o también podemos decidir marcar una diferencia. Podemos quejarnos de la oscuridad, pero también podemos elegir que encenderemos una luz que alumbre al mundo. Es como lo que ocurrió en la historia del viejo granjero que se sentaba a la entrada de su granja con su perro cazador que siempre estaba quejándose. Un día pasó un extranjero y al ver al perro quejándose le preguntó al granjero por qué razón su perro se quejaba y hacía tanto ruido. El granjero le contestó: "Porque está echado sobre una puntilla".

El extranjero volvió a preguntarle: "Entonces ¿por qué no se para de ahí?"

El granjero le respondió: "¡Porque no le duele lo suficiente como pararse!"

Mucha gente se queja de la situación al igual que los demás, pero no hace ni lo más mínimo por cambiarla. Por eso tú debes tomar la decisión de mantenerte alejado de las personas pesimistas, de quienes solo hablan cosas negativas y no hacen nada al respecto. Hablar de problemas sin ofrecer soluciones genera un escenario perder/perder. Es importante que no te permitas a ti mismo caer en la trampa de quejarte de la situación sin ofrecer soluciones respecto al problema.

La conmiseración le agrega combustible a un fuego que afecta tu mente y tu estabilidad emocional. Una barrera constante de información negativa termina generando un concepto negativo del mundo.

La autoconmiseración crea un perfil sicológico predispuesto, una profecía autocumplida —una situación que todavía no es cierta, pero que tiene todo el potencial de convertirse en realidad debido a que tú has creado tantas expectativas al respecto que se volverán una realidad. Mientras más hables de malas noticias, mayor será el impacto de ellas sobre tu psiquis y tu perfil sicológico, y más se dispondrá tu mente a convertirlas en una realidad. La Biblia dice: "Porque así como es su pensamiento en su corazón, tal es él". (Proverbios 23:7)

La Universidad de Texas realizó un estudio relacionado con el impacto de las malas noticias en la psiquis y sicología de los atletas. Un jugador de fútbol fue seleccionado para ser uno de los casos estudiados. Después de su práctica, el investigador le preguntó: "¿Cómo le ha ido?" Él respondió: "¡Maravillosamente! ¡Estoy muy animado!" ¡Fue una muy buena práctica y me siento listo para enfrentar al mundo!" El investigador agregó: "¿Está seguro? ¡Se ve un poquito enfermo!" Ante esto el futbolista comentó: "¡No, me siento muy bien!"

Un rato después el jugador fue abordado por otro investigador relacionado con el caso, quien le hizo la misma pregunta. El futbolista contestó: "Me siento bien". El segundo investigador le dijo a propósito: "Le creo, pero se ve un poco enfermo". Unas horas más tarde otro investigador fue en busca del jugador únicamente para hacerle las mismas preguntas y decirle "que se veía enfermo". Al final del día el jugador se sentía enfermo y deprimido porque había sido inundado con muy mala información acerca de su salud. En realidad, él no estaba enfermo, pero el alto nivel de negatividad durante sus interacciones le hizo pensar que sí lo estaba. Por eso es crucial que te mantengas alejado de las influencias del pesimismo y el negativismo.

Conocí a un caballero que me había visto en televisión. Vino hacia mí y comenzó a quejarse de lo mal que iba en sus negocios, y del mundo de los negocios en general. Dijo: "¿Sí ha escuchado de lo mal que están las cosas aquí y allá? ¿Ya supo que tales y tales empresas se fueron a bancarrota? ¿Sí está enterado de que…?" Antes de que terminara la frase, le interrumpí para decirle: "Si usted está buscando a alguien que sienta conmiseración por usted, eligió al tipo equivocado. Yo sí estoy consciente de que hay situaciones difíciles en todas partes, pero decidí que no voy a resignarme a ellas. Lo que sí quiero hacer es pensar en la manera de buscar las mejores oportunidades que se me presenten en la vida. ¡Este es el momento de saber de qué están hechos los triunfadores! Estoy trabajando muy duro, y planeando todo lo que sea necesario para que este sea mi mejor año. Sé que en la actualidad existen algunos retos a los cuales hacerles frente en el mundo de los negocios; pero, dondequiera que hay retos, también hay oportunidades. Yo estoy esforzándome para encontrarlas y no lo lograré si comienzo a pensar que la situación no tiene arreglo. Seré como Aníbal, el gran militar africano que dijo: 'Si no logras encontrar una salida, ¡construye una!' Aníbal no tenía forma de vencer a los romanos atacándolos por el frente, así que hizo lo impensable: utilizó elefantes africanos para transportar sus tropas sobre los Alpes y atacarlos desde la retaguardia y los venció porque, como no había una oportunidad, él decidió crear una. Ahora es el tiempo de crear oportunidades impensables y espectaculares".

Comprendo que parte de la razón por la cual este hombre de negocios estaba sufriendo se debía a que él estaba prestándoles demasiada atención a las malas noticias sobre el mundo financiero en lugar de concentrarse en lo positivo. Si tú te enfocas en los aspectos negativos de tu vida, son estos los que tomarán mayor relevancia y fuerza; lo mismo ocurre con los aspectos positivos. Entérate de los asuntos negativos, pero enfócate en los positivos y en las mejores posibilidades para avanzar. Aquello en lo que más pienses y en lo que más te enfoques es lo que se volverá importante y por tanto acontecerá.

Haz el compromiso contigo mismo de que no te acostumbrarás, ni renegarás de las recesiones de tu vida, sino que te mantendrás firme y lucharás por conseguir tus sueños y cumplir tus metas, y que nunca jamás te darás por vencido con respecto a tu futuro y a las increíbles posibilidades que la vida te traiga.

PASO 3

NO PERMITAS QUE TU ORGULLO OBSTRUYA TU PROSPERIDAD

Si estás dispuesto a convertir tus fracasos en dinero contante y sonante, es necesario que pases por encima de tu orgullo y tomes la decisión de que no lo dejarás interponerse en tu camino a la prosperidad. Orgullo es una palabra interesante porque todos tenemos respeto por nosotros mismos y nos sentimos orgullosos de quienes somos, pero demasiado orgullo puede interponerse en nuestro camino para lograr las metas y los sueños que queremos alcanzar. El orgullo genera arrogancia y rechazo hacia nuevas ideas. Por esta razón quiero concentrarme en este aspecto. Todos tenemos orgullo y cierto nivel de autoestima, pero también necesitamos ser conscientes de que el orgullo desmedido tiende a alterar nuestra visión del mundo y cambia nuestra perspectiva de aprovechar buenas oportunidades que nos ayudarán a crecer y a tener éxito.

Para transformar una derrota en un éxito financiero se requiere de nuevas ideas y de nuevas acciones puesto que es cierto que, si continúas haciendo lo que venías haciendo, resultarás obteniendo lo que estabas obteniendo. Tendrás que actuar de manera distinta y hacer cosas distintas. Con frecuencia, lo que detiene a la gente de triunfar no es su falta de habilidades, sino su orgullo. Están demasiado enfocados en lo que "la gente" dirá y no en lo que su corazón les dicta. ¿Estás seguro de que ya diste lo mejor de ti? ¿Demostraste integridad y carácter? ¿Te mantuviese fiel a Dios? (¡Porque Dios tiene su parte en esto!) ¿Tuviste en cuenta que el regalo de Dios para ti es tu vida… y que tu regalo hacia Él es lo que tú hagas con ella? Como sabiamente dijo Martín Luther King Jr.: "Si el llamado de un hombre es a barrer las calles, ¡entonces ese hombre debería barrerlas de la misma manera en que pintó Miguel Ángel y así como Shakespeare escribió su poesía! Debería barrerlas tan bien que los habitantes del cielo y la tierra proclamen: '¡Este fue un hombre que barrió las calles y que hizo su trabajo de una manera inigualable!'" Ante esto, yo opino que nadie debe permitir que el orgullo se interponga en su camino a lograr su fortuna. ¡No dejes que el orgullo sea un obstáculo en tu recorrido hacia la prosperidad!

Con demasiada frecuencia veo gente que está teniendo dificultades financieras, pero que no hace nada por solucionarlas porque está tratando de mantener una fachada de éxito. Como dice mi amigo Larry Winget, conductor del programa de televisión *Big Spender*: "Hay gente que podría convertir su vida en un éxito total, pero es demasiado orgullosa y además demasiado estúpida como para amasar una fortuna. Son personas que pretenden ante los demás que les está yendo muy bien, cuando apenas alcanzan a pagar sus cuentas más básicas. ¡Son millonarios de pacotilla! ¡Mucho ruido y poco alcance!".

No debes permitir que el orgullo sea un obstáculo que te impida construir una buena fortuna. Algunos sienten que determinados trabajos son muy poca cosa para ellos y que darían mucho de qué hablar si la gente supiera en que están trabajando, y sin embargo son personas que tienen dificultades para pagar sus cuentas. Yo estoy convencido de que cualquier trabajo que sea ético y legal es honorable.

Atravesando una recesión

Mi amigo Duke Greene es un gran ejemplo de cómo construir una fortuna sin dejarse amedrentar por asuntos menores manteniéndose enfocado en la meta principal. Duke Greene fue uno de mis invitados en mi programa de Radio XM y él nos compartió una historia que produjo muchísimas llamadas telefónicas. Nos contó cómo comenzó la compañía IBS (International Business Services) en la década de 1970, la cual se convirtió en una firma poderosa que terminó vendiendo hacia 1990. La empresa llegó a valer $96 millones de dólares y contaba con miles de empleados en oficinas a lo largo y ancho del país. Sin embargo, durante la recesión económica de los 70, él decidió que no quería perder a ninguno de los empleados que había contratado y optó por no despedir a nadie. Como gerente ejecutivo era obvio que él recibiera el pago más alto dentro de la nómina, pero él contribuyó con su salario para ayudar a pagarles a sus empleados. Después de unos meses de vivir de sus ahorros se dio cuenta de que necesitaba hacer algo para pagar sus deudas personales. Él sabía que la recesión económica era una situación temporal y que la economía volvería a la normalidad, así que era cuestión de atravesar los tiempos difíciles. Fue así como trabajaba todo el día como el gerente ejecutivo de IBS y en la noche manejaba un camión, como lo había hecho durante su época de universitario, con tal de pagar sus cuentas. Greene afirma que un buen líder no permite que las circunstancias le impidan hacer lo que sea necesario para prosperar en su negocio —mientras se trate de algo ético y legal, y sea un buen negocio y un trabajo honorable.

Recibimos una llamada de alguien que escuchaba el programa después de que Duke nos compartió su historia. La pregunta fue: "¿Qué ocurre cuando uno ha sido un profesional y en algún momento tiene que desempeñar trabajos de menor categoría?" Duke respondió: "¡En ese caso, tienes que superarlo! ¡No olvides tener en cuenta que es algo temporal! No es para siempre, es algo que tienes que hacer para pagar tus cuentas y atravesar los malos tiempos".

Yo sé que las recesiones económicas y las bajas temporadas en los negocios son preocupantes, pero si no te atemorizas y te decides a buscar nuevas oportunidades, verás que las hay por todas partes.

Si logras sobreponerte al qué dirán, observarás que habrá quienes te respeten aún más por tu sabia decisión.

Escalando desde lo más bajo

Hace unos años fui invitado a hablar en un evento llamado Wendy's Restaurant Youth Leadership Conference en Fort Lauderdale, Florida. La conferencia fue organizada por su fundador, Dave Thomas. Dave ya estaba retirado y servía como Presidente de la Junta Directiva de Wendy's y en ese momento estaba dedicado a trabajar con gente joven ayudándoles a convertirse en líderes. Cuando me llamaron de su oficina y me preguntaron si estaba interesado en participar en la conferencia, me sentí emocionado y contento de hacerlo. Luego nos anunciaron que, como parte del fin de semana, Dave Thomas quería invitarnos a una cena en su mansión la noche antes de que iniciara la conferencia.

Durante la cena le pregunté a Dave cómo fue que inició Wendy's. Su respuesta es un testimonio increíble del poder que significa no dejar que el orgullo se interponga en llevar a cabo tu plan de prosperidad. Dave me dijo que él fue adoptado y que durante sus años de adolescente consiguió trabajo en un restaurante. Me contó que le encantó el negocio de los restaurantes y como resultado abandonó la escuela para trabajar más horas. Sus amigos se reían de él y le decían que era vergonzoso trabajar en un restaurante lavando pisos y asando hamburguesas. De hecho, se burlaban y le pusieron como apodo "¡el chico de las hamburguesas!" Pero a él no le importó porque había decidido que no dejaría que le afectara lo que los demás pensaran de él y que no dejaría que otros determinaran su destino.

Durante su tiempo en aquel restaurante Dave conoció a un caballero mayor llamado Harland Sanders, quien había comenzado la cadena de restaurantes Kentucky Fried Chicken. Dave terminó haciéndose cargo de algunos de los restaurantes de esa firma que estaban teniendo problemas en el área de Ohio e hizo un gran trabajo de acreditación. Luego los vendió y decidió comenzar un restaurante de hamburguesas hechas al gusto del cliente, al cual le puso el nombre de su hija: Wendy –¡y el resto es historia! Dave continuó su trabajo hasta convertirse en uno de los hombres de negocios más exitoso de la Historia Americana y en un gran conferencista.

Dave Thomas no permitió que su orgullo se interpusiera en su camino a la prosperidad. Abandonó la escuela, pero nunca dejó de pensar en sus metas y sueños, y se dispuso a trabajar arduamente hasta convertir todos sus anhelos en realidad. Se sentía orgulloso de haber regresado a la escuela y de haber pasado su examen GED (General Educational Development). Sin embargo, fue más notorio el trabajo que realizó durante su MBA —que es la manera en la que él se refiere a la época en que estuvo dispuesto a trapear y limpiar pisos (*mop and bucket attitude*). Ningún empleo era demasiado bajo para él puesto que todo trabajo es honorable, siempre y cuando no transgreda las leyes de Dios ni las de los hombres.

Y dicho sea de paso, muchos de los que se burlaban de él y lo llamaban "el chico de las hamburguesas" terminaron llamándolo "¡jefe!" La vida le dio la oportunidad de hacerles comer sus palabras al trabajar para él haciendo oficios varios en la cocina. No te preocupes por lo que otros piensen acerca de ti; ¡enfócate en tus sueños y en tus metas!

Recogiendo basura

Otro ejemplo de alguien que no permitió que su orgullo fuera un obstáculo para llegar a ser próspero es el de Wayne Huizenga, quien hizo su fortuna como recolector de basura. Wayne nació en el tiempo de La Gran Depresión y creció siendo pobre. Cuando era un joven comenzó trabajando para una familia que tenía un negocio de recolección de basuras. Después de un par de años ya había ahorrado dinero para comprarse un camión recolector y comenzar su propia empresa. Muchos se reían de él porque él mismo era el recolector, pero él jamás permitió que su orgullo le impidiera ser próspero. Comenzaba a recoger basura desde las 2:00 a.m. hasta el mediodía y durante el resto del día iba de puerta en puerta dando a conocer su negocio. Poco a poco compró más camiones, contrató más gente y en determinado momento logró incluso comprar la empresa de su mayor competidor. Con el tiempo su empresa, Waste Management, Inc., se volvió pública. Su negocio siguió prosperando y él llegó a convertirse en un hombre tan adinerado que incluso compró el equipo de fútbol Miami Dolphins y el equipo de béisbol Florida Marlins. Pasó de recoger basura a recoger dólares para consignarlos en el banco porque se negó a permitir que otros determinaran sus posibilidades para triunfar. Él tampoco dejó que su orgullo se interpusiera en su camino a la prosperidad.

Permíteme decirte esto de manera enfática: no permitas que por ningún motivo las opiniones de los demás te cohíban de actuar. Debes actuar. Muchas veces nos sentimos obstaculizados y terminamos imposibilitados para hacer lo que deseamos debido a nuestro orgullo. Es verdad que a veces estamos sobrecargados y llenos de miedo o con bajas expectativas, y estos sentimientos suelen generar una falta de actividad cuyo resultado es el fracaso. Es muy importante que decidas seguir avanzando y actuar.

¿Y entonces qué debemos hacer? Algo, cualquier cosa… ¡el caso es seguir avanzando! No puedes sentarte a esperar que el éxito venga en busca tuya. Si fracasas, vuelve a intentarlo y comienza de nuevo… haz algo positivo para conseguir tu meta. No esperes. ¡Quizá después sea demasiado tarde! ¡Actúa! Y recuerda que… ¡el éxito es siempre la mejor revancha!

PASO 4

NO DEJES DE PENSAR EN EL PODER Y LAS POSIBILIDADES DEL FUTURO

El futuro les pertenece a quienes creen
en la hermosura de sus sueños.
—Eleonor Roosevelt

La carrera no siempre la gana el más veloz ni el más fuerte, sino el que resiste hasta el final.

El siguiente paso para convertir tus fracasos financieros en dinero contante y sonante es: "No dejes de pensar en el futuro". Este es un concepto tomado de la canción de Fleetwood Mac, la cual se ha convertido en una de las primeras de mi lista personal de canciones. La había oído hacía años, pero no le presté mucha atención a la letra hasta que me tomé el tiempo para escucharla con cuidado y me di cuenta de que era la clase de canción que me gusta… ¡de las que inspiran y animan a la gente a vivir mejor!

Si la escuchas, verás que casi nos implora continuar la marcha y seguir pensando en el futuro porque la gente que sigue trabajando en sus metas obtiene como resultado general un mejor futuro. Cuando los tiempos se ponen difíciles y nos sentimos desanimados es cuando necesitamos mirar hacia arriba y pensar en metas altas que nos hagan ver las cosas de otra manera para que reconozcamos que existen nuevas oportunidades. No pares, no te des por vencido y piensa siempre que mañana será un mejor día. El coro de la canción nos demanda que tengamos una perspectiva positiva, pensamientos positivos y planes positivos.

En este cuarto paso se ponen en práctica los múltiples significados del lenguaje dependiendo del énfasis que hagamos en lo que pensamos y decimos. La propuesta es hacer uso de la técnica de comunicación conocida como énfasis. Consiste en acentuar determinada palabra dentro de un enunciado dependiendo de la importancia que queramos darle con respecto a las demás —*No. Dejes. De. Pensar. En el mañana*— con el fin de obtener un significado específico.

Hace unos años mi esposa y yo comenzamos a dictar una clase en la iglesia sobre técnicas de comunicación y decidimos utilizar un recurso llamado "hablar con determinado énfasis". Fue desarrollado por Bert Decker, quien es mi amigo y uno de los entrenadores más reconocido a nivel nacional en el área de los medios. Se basa en el poder del énfasis y muestra cómo al comunicar enfatizando en una palabra específica hay un tremendo impacto en el significado del enunciado. Bert utiliza la frase: "Yo. No. Dije. Que usted. Se robó. Ese. Carro." Quiero que repitas este enunciado en voz alta siete veces, y que cada vez hagas énfasis en una palabra distinta. Mejor dicho, primero hace énfasis en la palabra *yo* al leer el enunciado; la siguiente vez, haces énfasis en la palabra *no;* en la tercera, el énfasis será en la palabra *dije*, y así sucesivamente. Notarás que el significado del enunciado cambia de manera drástica dependiendo de la palabra que enfatices.

Si hacemos el mismo proceso con el enunciado: "No dejes de pensar en el mañana", veremos que los mensajes generados son todos distintos, y sin embargo, todos te sirven para ayudarte a transformar tus fracasos económicos en dinero a tu favor.

La primera es la palabra *no*. "¡*No* dejes de pensar en el mañana!" Lo que este énfasis implica es que, para transformar tus fracasos económicos en dinero contante y sonante, es crucial que seas dogmático al pensar en que lograrás recuperarte. Ni siquiera debes considerar que no serás capaz de atravesar esa mala racha. ¡Ni lo pienses! No les des lugar a los pensamientos negativos que intentarán invadirte —sé tú quien controlas tus pensamientos. Norman Vincent Peale, autor del reconocido libro *El poder del pensamiento positivo*, dijo: "Es posible que no logres evitar que los pájaros vuelen alrededor de tu cabeza, pero sí puedes evitar que construyan allí su nido". Los pensamientos negativos volarán alrededor de tu mente, pero ni siquiera consideres la posibilidad de que no serás capaz de sobrevivir a tu mala racha económica. Debes permanecer positivo, y si tienes que hablar contigo mismo y animarte, ¡pues hazlo! Mentalízate para decir *no*, y debido a la esencia de esa negativa te sentirás dispuesto a continuar la lucha mirando al futuro.

Al hacer énfasis en la palabra "*dejes*": "No *dejes* de pensar en tu futuro", el enfoque del enunciado cambia hacia el hecho de que debes seguir insistiendo e intentándolo hasta que alcances tus metas. Mientras no dejes de intentarlo tienes la oportunidad de lograr lo que quieres. Una vez hayas enfrentado los obstáculos que se te presenten no sabrás con cuál de los tantos golpes que le diste a la piedra que se interponía en tu camino lograste romperla o si de pronto esa piedra se fue debilitando poco a poco con cada uno de los golpes y terminó por romperse como resultado acumulativo de todos ellos. De cualquier manera que lo veas, debes hacer el compromiso de que no dejarás de pensar en intentarlo, de que no te darás por vencido, de que no te rendirás. "¡No dejes de pensar en intentarlo!" Lo más importante es que esa roca, ese obstáculo en tu camino ya no entorpezca más tus planes. ¡No *dejes* de pensar en intentarlo!

La siguiente palabra importante del enunciado es *pensar*: "No dejes de *pensar* en el futuro" significa que sigas trabajando con tu mente y adquiriendo nuevas ideas y formas para convertir tus derrotas en éxitos. Creo que la mayoría de las veces, cuando tienes un problema, por lo general no es un problema de dinero sino un problema de ideas. Esta parte del enunciado significa que ha llegado el tiempo de salir con buenas ideas, con una nueva forma de pensar. Albert Einstein dijo en una ocasión que la idea que te trajo hasta donde estás no te llevará hasta el siguiente nivel. ¡Así que debes estar dispuesto a seguírtelas ingeniando! ¡Necesitamos pensar más en grande, más audazmente y mejor! Necesitamos seguir esforzándonos para salir con nuevas ideas y estrategias. Si una idea no funciona, busca otra, sigue pensando en el futuro y en todas las increíbles oportunidades que estás dispuesto a aprovechar. ¡No dejes de *pensar* en el futuro!

La siguiente palabra sobre la cual hacer énfasis es "*en*". Cuando hacemos énfasis en esta palabra nos damos cuenta de que tenemos multitud de oportunidades a nuestro alrededor: "¡No dejes de pensar *en* tu futuro!" ¿Te mueves dentro de un mercado competitivo? ¡Sí! ¿Es un panorama retador? ¡Sí! ¿Va a ser difícil? ¡Sí! Pero, para decir la verdad, el mundo de los negocios es retador incluso durante los buenos tiempos; es solo que ahora lo es más. Así que este es el momento en que necesitamos desarrollar ese músculo que encienda el fuego cuando la economía se reponga.

Otro aspecto con respecto a pensar *en* las distintas posibilidades es recordar la última vez que estuvimos en una situación financiera difícil. ¿Qué hicimos en ese momento? Recuerda lo que hiciste para sobreponerte y vuélvelo a hacer. Piensa en tus éxitos y experiencias del pasado y alégrate de los resultados que obtuviste. Con frecuencia recuerdo mi primer verano como conferencista. Estaba apenas comenzando y no conocía a nadie ni sabía mucho acerca del mundo de las conferencias. Había estado haciendo algunas charlas en escuelas durante el año escolar; pero en junio, cuando el año escolar culminó, me quedé sin trabajo y por lo consiguiente sin dinero.

Definitivamente, estaba atravesando un revés económico y no sabía cómo iba a hacer para pagar la hipoteca de mi casa ni mis otras cuentas mensuales, así que tomé el teléfono y el directorio telefónico y comencé literalmente a llamar para preguntarles a todos los contactos que hice si necesitaban un conferencista. Al fin conseguí dos pequeños contratos —uno, para hablar frente a un grupo de jóvenes en un campamento relacionado con las artes; y el otro era medio tiempo como conferencista y consejero de una pequeña comunidad de jóvenes teatreros. De alguna manera resistí la mala racha del verano y logré pagar mis cuentas.

Cuando comenzó el año escolar recibí la llamada de uno de los administradores con quienes trabajé durante aquellas vacaciones y él se encargó de programarme conferencias en varias de las escuelas que él administraba y también me ayudó a conseguir más opciones de trabajo en las escuelas de sus colegas. Lo había logrado. Con el paso de los años, cada vez que he tenido épocas difíciles y me he visto corto de dinero, recuerdo aquel verano y la manera en que lo enfrenté basado en mi fe y permaneciendo enfocado para salir triunfante de la situación. Debido a que en aquel momento lo logré, hoy puedo dormir tranquilo porque siempre tengo presente que, aunque en ese tiempo no conocía a nadie ni sabía mucho de dictar conferencias, me rehusé a darme por vencido y logré mi propósito... entonces ¡con mayor razón hoy volvería a lograrlo! Haz memoria de tus éxitos del pasado y utilízalos para sentirte empoderado para seguir avanzando hacia el futuro.

La última palabra significativa del enunciado en cuestión es: *futuro.* En *Annie,* la exitosa película y espectáculo de Broadway, la protagonista, una niña huérfana llamada Annie, interpreta una canción llamada *Tomorrow* y en ella proclama que el sol volverá a salir mañana —que puedes depender del hecho de que mañana también saldrá el sol. Y si puedes pensar en esos bellos días que traerá el futuro, tus penas se irán y dejarás de llorar. Tus lágrimas de hoy serán reemplazadas con sonrisas en el futuro. "¡No dejes de pensar en el *futuro*!"

No te rindas

"¡No te des por vencido! ¡Sigue buscando opciones! Si sigues intentándolo, encontrarás la manera de levantarte".
—Les Brown

Suena elemental y simple, pero, por alguna razón, cuando los tiempos son difíciles la gente olvida que no debe rendirse. Este es un punto esencial para tener en cuenta cuando se trata de mejorar la situación y convertir los fracasos en éxitos. Sencillamente, ¡no te rindas!

Pensarás que la anterior es una frase que no podía faltar ya que todos los libros que hablan de motivación dicen lo mismo acerca del poder de la perseverancia y la persistencia. Sin embargo, en tiempos difíciles parece que estos ingredientes de la fórmula del éxito se nos olvidan.

¿Por qué muchos parecen olvidarlos? A veces se debe a que la enorme cantidad de información que manejamos respecto a nuestras preocupaciones nos sobrecarga. Otras veces es debido a que muchos quitan sus ojos de sus metas y comienzan a enfocarse en sus problemas. Hace años aprendí que, al quitar nuestros ojos de las oportunidades para enfocarnos en los problemas y las circunstancias que nos rodean, comenzamos a dudar y a sufrir.

Hay un gran ejemplo de este punto en la Biblia. Jesús estaba caminando sobre el agua y Pedro se salió de la barca y también comenzó a caminar sobre las aguas hacia Él. Todo iba bien mientras llevaba su mirada puesta en Jesús, pero, tan pronto como empezó a mirar a su alrededor y se vio a sí mismo caminando sobre el agua, comenzó a hundirse.

Un ejemplo más reciente es Bob Wieland, el corredor maratonista. Bob era un atleta exitoso que iba camino a convertirse en un beisbolista profesional hasta que fue llamado para prestar el servicio militar en Vietnam. Mientras estaba en la batalla uno de sus compañeros fue herido y él se lanzó a su rescate. Y al tratar de llevar a su amigo a una zona segura Bob también fue herido con el impacto de un mortero y perdió sus dos piernas. Pero, lejos de deprimirse al quedar imposibilitado para caminar y correr, y por ende, al ver frustrada su carrera como beisbolista, Bob Wieland eligió enfocarse en enfrentar los retos que le esperaban. Se propuso correr una maratón —de 26 millas— sin tener sus piernas. Correría colocando sus manos en el suelo y moviendo su cuerpo hacia adelante. Cada "paso" significaba impulsar su cuerpo con sus manos. Cuando corrió su primera maratón, le tomó muchos días finalizarla; y, cuando al fin lo logró, sus manos estaban ensangrentadas y en carne viva. El dolor era intenso. Después, durante una entrevista el periodista le preguntó cómo había logrado manejar ese intenso dolor. Bob le respondió que las únicas veces en que lo había sentido ¡era cuando quitaba sus ojos de la meta!

Cuando comiences a enfocarte en tus posibilidades y no en tus problemas, te darás cuenta de que la vida es retadora y difícil. Una amplia gama de posibilidades está disponible a tu alrededor, pero tú debes decidir si vas a enfocarte en tus circunstancias o en todas las oportunidades que se te presenten para solucionarlas. Quienes se enfocan en sus problemas, pero no piensan en las soluciones ni en qué otras opciones tienen, son quienes están destinados simplemente a sobrevivir y no a progresar en medio de la crisis. Mejor enfócate en el hecho de estar vivo y en que vives en un tiempo y lugar específicos en los que triunfar no es fácil, pero sí es posible. ¿Cómo sé que todo esto es cierto? Lo sé porque la Historia nos ha demostrado con ejemplos que los negocios más poderosos han nacido en medio de crisis económicas. IBM, Hewlett-Packard, Microsoft, Disney y Walmart son una muestra de esto. Y algunas de las personas más adineradas del mundo comenzaron a construir su fortuna en medio de tiempos difíciles en la economía.

Quienes vencieron en medio de las dificultades son aquellos que decidieron enfocarse en las buenas noticias y no en las malas. (Esta es una de las razones por las cuales recientemente comencé una nueva organización llamada Jolley Good News, la cual se encarga de procurar darle a la gente buenas noticias en lugar de nutrirla de una constante dieta de malas noticias. Visita www.jolleygoodnews.org para recibir más información sobre esta organización y sobre cómo ayudarla a crecer y a tener más éxito).

Creo que debes adquirir el compromiso de llenar tu interior de pureza, fortaleza y positivismo. Estoy convencido de que todos deberíamos tener una reserva interior de la cual fluyera motivación e inspiración; en nuestro interior debería haber abundancia de información positiva de la cual echar mano en momentos de necesidad. Durante los tiempos difíciles las personas suelen olvidar los principios y las estrategias básicas que les sirven para mantener el enfoque en todo lo positivo sin dejarse influenciar por las malas noticias que abundan en los medios de comunicación, los cuales insisten de manera consistente en mostrar la vida desde un lente negativo. Si el sol está alumbrando a medias, ellos dicen que el cielo está "parcialmente nublado" en lugar de decir que está "¡parcialmente soleado!" La consigna de las noticias es: "Si la noticia es sangrienta, ¡vende!"

Algunos olvidan el principio básico de no darse por vencidos porque se han dejado influenciar del negativismo de sus amistades y familiares. Si tú estás dispuesto a convertir tus fracasos en éxitos, es crucial que te rodees de gente positiva. Con frecuencia hablo de los *asesinos de sueños* —aquellos que se deleitan haciendo el trabajo de matarles los sueños a los demás. Estas personas se encuentran con mucha frecuencia dentro de nuestros círculos más cercanos y son gente que amamos y que nos ama; que no está intentando fastidiarnos al combatir nuestras esperanzas y sueños, sino que está tratando de "ayudarnos a ser realistas". Son personas que sufren de *ceguera frente al positivismo* que dicen que están tratando de ser realistas y se imaginan que, como los tiempos son difíciles, tú deberías resignarte y morir —mientras los triunfadores avanzan y van en busca de posibilidades y oportunidades.

Los sueños del mañana deben ser el foco de nuestra atención hoy. El Dr. Stephen Covey, autor del *bestseller Los 7 hábitos de la gente altamente productiva*, escribió: "La gente más efectiva siempre comienza con el fin en mente y luego se mueve en función de él". Por lo tanto, para convertir tus descalabros financieros en una fortuna debes mantenerte enfocado en el futuro y en cómo hacer para que las cosas sean mejor mañana.

Esta es una canción que aparece en mi CD llamado *Money Making Music and Motivation* y habla sobre el poder de estar motivado, altamente motivado:

Altamente motivado
(Escrita por Willie Jolley y Paul Minor)

Coro:

Motivado, altamente motivado, motivado llegaré a la cima.
Motivado, altamente motivado, motivado no pararé.

Primera estrofa:

Yo tenía un empleo que realmente detestaba,
que logró enfermarme, pero que a la vez me mantenía motivado
porque me recordaba que ese no era el lugar en donde yo
quería estar.
Yo no quería quedarme, pero tenía miedo de marcharme
y ocurrió que un día recibí mi cheque y era casi insignificante.
Entonces fui donde mi jefe y él se rio y me dijo que eso a él
no le importaba.
Mis hijos me esperaban con hambre en casa; estaba a punto de
perder mi hogar.

Fue entonces cuando decidí que tenía que hacer un cambio.

Coro:

Motivado, altamente motivado, motivado llegaré a la cima.
Motivado, altamente motivado, motivado no pararé.

Segunda estrofa:

Mis amigos decían que yo estaba loco cuando me despedí de ellos,
pero el único que está loco de verdad es aquel que le tienen miedo a intentar nuevas cosas.
Me decían que no lo lograría, que no sobreviviría,
pero yo sabía que tenía que lograrlo porque era cuestión de vida o muerte.
Así que me agarré de mis sueños y los mantuve vivos.
Di un paso de fe y aprendí a confiar realmente en Dios.
Sabía que tenía que luchar, luchar con todas mis fuerzas
porque solo así lograría avanzar y las bendiciones vendrían, una tras otra.

Coro:

Motivado, altamente motivado, motivado llegaré a la cima.
Motivado, altamente motivado, motivado no pararé.

Tercera estrofa:

Aprendí que los sueños se convierten en realidad, si tú lo crees, si crees en ti.
No te preocupes por lo que otros piensen,
si tú estás seguro de lo que quieres hacer.

Primera parte hablada:

Hannibal dijo: "Si no logras encontrar un camino, ¡haz uno!"

Lo importante no es lo que ocurra a tu alrededor, ni lo que te ocurra ti.
Lo verdaderamente importante es ¡lo que ocurran dentro de ti!

Cuando la gente se empeñe en acabar con tus sueños,
¡no te molestes! ¡No busques venganza!
¡Sigue adelante! ¡Porque un éxito contundente es la mejor venganza!

Cuarta estrofa:

Así que, cuando la gente se ría de ti, y trate de humillarte,
¡no te enfoques en lo negativo!
Agárrate de tus sueños y permite que invadan tu mente y te motiven.
¡Activa tu fe más y más!
¡Sí, vuela lo más alto que puedas!
¡Yo nunca dejaré de hacerlo!

Quinta estrofa:

Si tú tienes fe, Dios tiene el poder
para bendecir tu vida, momento a momento.
Mantén tu fe, tu deseo.
Sigue subiendo la cuesta ¡hasta que alcances el cielo!
Yo nunca dejaré de creer en todo lo que puedo hacer.
Tengo todo lo que necesito para lograrlo y tú también lo tienes.
Comienza por tener un sueño, luego agrégale todos tus deseos por lograrlo.
Pon a funcionar tu fe al máximo,
¡hasta la cima más alta! ¡Sí!

Segunda parte hablada:

Alguien dijo: "En la vida hay que orar como si todo dependiera de Dios
¡y trabajar como si todo dependiera de ti!".
Amigo, es tiempo de motivarte… ¡de motivarte al máximo!
¡Ha llegado la hora de vivir tus sueños!

Cuando pienso en los pasos que hay que dar para convertir las dificultades financieras en posibilidades para triunfar, confirmo que uno de los primeros pasos es hacer el compromiso de no dejar de luchar nunca. Este es un concepto tan antiguo como el tiempo. En cada manual que he leído sobre el éxito (y son miles) siempre encuentro el enunciado de que es necesario persistir y perseverar. Sin embargo, a medida que aprendo más sobre el éxito comprendo que la persistencia y la perseverancia son dos cualidades muy diferentes. Persistir significa ir tras una meta de manera obstinada y repetitiva. Es seguir luchando y trabajando hasta alcanzarla. Thomas Edison fue persistente; falló más de mil veces en sus intentos por querer inventar la bombilla eléctrica y sin embargo se rehusó a rendirse, y en determinado momento logró su propósito. Me gustaría decir que "la persistencia ¡vence a la resistencia!"

Perseverar es cultivar la actitud de que, de alguna manera y en algún momento, conseguirás atravesar los tiempos difíciles hasta llegar a alcanzar un mejor estilo de vida. Debes tener el coraje para ser la última persona que se conserva en pie ante la mala racha. Me encanta la caricatura del sapito que está amarrado a un nudo al final de una soga y el texto dice: "Cuando llegues al final de la soga, ¡hazle un nudo y sostente de allí!".

Es importante que persistas y perseveres en tiempos de crisis hasta alcanzar tus metas y convertir tu fracaso en un triunfo. Es muy común insistirle a la gente en que persista y persevere, pero son muy pocos los que reciben este consejo y lo ponen en práctica. Las estadísticas muestran que muchos no alcanzan sus metas ni sus sueños porque sencillamente se rinden. He visto infinidad de personas darse por vencidas cuando ya están a muy poco de lograr su meta. Tengo un familiar que trabajó muy duro para desarrollar un equipo para su empresa de mercadeo en red; cuando recibió su primer cheque, la cantidad no era la que esperaba y se molestó y renunció sin tener en cuenta que todos los ríos comienzan con una gota de agua. Recuerdo cuando comencé a escribir libros. Al principio ganaba apenas unos centavos por libro, pero luego esos centavos fueron creciendo hasta convertirse en dólares, y todo debido a que ¡no paré! ¡No paré! ¡No paré! ¡No me di por vencido!

Cree en el poder de tus sueños

Los sueños son las semillas del éxito. Tú tienes que tener un sueño. Toda historia de éxito que he leído o escuchado habla del poder de los sueños. La Biblia dice: "¡Sin una visión, la gente perece!" Lo que faltó por escribir es que ¡con una visión, la gente florece! ¡Tú debes tener una visión! Necesitas tener un sueño, una meta por cumplir en el futuro y no simplemente conformarte con el diario vivir. Los sueños y las metas nos dan esperanzas sobre el futuro y también para vivir el presente. Todos conocemos el poder de los sueños y las metas para ayudarnos a mantenernos enfocados y a desarrollar un plan y cumplirlo, pero yo quiero decir que también en los tiempos difíciles necesitamos sueños y metas que nos ayuden a subir la cuesta, a escalar la montaña.

Hay poder en nuestros sueños, siempre y cuando creamos en ellos y les permitamos que nos generen las ganas de alcanzarlos. Por estos días hay en cartelera una película que está dando la vuelta al mundo llamada *The Opus* (www.theopusmovie.com) y es la continuación del éxito mundial *The Secret*, pero con una perspectiva diferente. *The Opus* trata sobre el hecho de que el éxito es el resultado de un proceso que implica visión (el poder de un sueño), planeación (el poder de la preparación) y desempeño (el poder de tu pasión por convertir tu sueño en tu realidad). Como en *The Secret, The Opus* cuenta con excelentes expertos que enseñan aspectos específicos a lo largo de la película; cuenta además con unos mensajes entretejidos al estilo de las películas de Disney. Me sentí honrado de ser uno de esos expertos, y en uno de mis mensajes compartí mi historia favorita sobre el poder de los sueños.

Era un caluroso día del verano de 1944 en el campus de Morehouse College en Atlanta, Geogia. El estimado Presidente de la universidad, Benjamín Mays, se encontraba en su oficina; era un hombre respetable, de cabellos grises; estaba vestido de traje entero y unas gotas de sudor transpiraban sobre su frente.

De repente alguien tocó a su puerta y él respondió: "Siga". La puerta se abrió y por ella entraron un hombre y un joven adolescente. El Dr. Mays saltó de su silla para ponerse en pie y extender su mano y saludar al hombre, quien resultó ser su viejo amigo el Reverendo Martin Luther King, Sr. —King padre.

"¡Adelante, mi amigo!", exclamó el Dr. Mays.

King padre se le acercó a saludarlo y después le dijo: "Dr. Mays, yo sé que usted está ocupado y no le quitaré mucho tiempo. Solo vine a presentarle a mi hijo Marty. Marty tiene 15 años y acaba de graduarse de la Secundaria. Él va a asistir a esta universidad a partir del siguiente semestre y necesito un gran favor de su parte". Luego, continuó: "No se trata de ninguna clase de ayuda con respecto al pago de sus estudios ni a su vivienda ni alimentación; ¡lo que necesito es aún mayor! Este joven tiene algo muy especial dentro de él, yo lo sé, ¡y quiero pedirle que le enseñe cómo soñar! ¿Le enseñaría usted a mi hijo cómo soñar grandes sueños?"

El Dr. Mays le extendió al joven Marty una hoja de papel y le dijo que la leyera diariamente. En el papel, el Dr.Mays había escrito:

> "Debes llevar en tu mente que la tragedia de la vida no consiste en no alcanzar tu meta. ¡La tragedia consiste en no tener una meta que alcanzar! La calamidad no es morir sin haber cumplido tus sueños. ¡La verdadera calamidad es no tener un sueño por cumplir! El desastre no es ser incapaz de alcanzar tus ideales. ¡El desastre es no tener ideales que alcanzar! No es una desgracia no alcanzar las estrellas. ¡La

desgracia es no tener estrellas por alcanzar! El pecado no es fracasar… ¡es hacer pocos intentos por triunfar!"

¡Te imploro que sueñes en grande! Me encanta la frase del padre que le dice a su hijo: "¡Sueña sueños que sean tan altos que no logres alcanzarlos en toda tu vida!"

¿Cuáles son tus metas? ¿Cuáles son tus sueños? Todo lo que tienes hoy a tu alcance comenzó en la mente de alguien. Se inició como un pensamiento y luego pasó a convertirse en la manifestación de ese pensamiento. El éxito siempre comienza en el interior y dspués se manifiesta a sí mismo externamente. El Dr. Dennis Kimbro, autor de *What Makes The Great Great*, comentó en mi programa radial: "Primero surge el pensamiento y después el objeto. Desde el interior se crea lo exterior". Si el sueño es lo suficientemente grande, los obstáculos que se presenten para lograrlo serán lo de menos.

Cómo trazarte metas que te mantengan en marcha

La Biblia dice que escribamos nuestros propósitos, que hagamos un plan puesto que aquel que conoce bien su carrera tiene posibilidades de llegar a ganarla. Escribe tus sueños y metas y léelos constantemente para mantenerte enfocado en lo que quieres lograr y cumplas tu propósito de llegar certeramente a donde anhelas. La razón por la cual yo no hago resoluciones de Año Nuevo es porque por lo general nadie las escribe y terminan en el olvido al final de enero. En cambio, las metas escritas generan poder. Si deseas amasar una buena fortuna, es importante que escribas tus sueños y metas y que los leas con mucha frecuencia.

Un paso adicional que te sirve de motivación para obtener tu fortuna es determinar por qué razones quieres conseguirla. Primero necesitas una meta, pero si en realidad eres serio respecto al asunto, darás el siguiente paso que es encontrar razones de peso que te mantengan en la marcha hasta que adquieras tu fortuna. Estas razones te darán valor y te mantendrán enfocado cada vez que surjan contratiempos o distracciones. A lo mejor tu razón para enriquecerte sea que quieres tener la posibilidad de comprarles una casa a tus padres o darles a tus hijos un estilo de vida mejor que el que tú tuviste; quizá sea porque alguien fue amable contigo cuando tú estabas en una mala situación y ahora tú quieres recompensar esa amabilidad ayudándoles a otros. Yo no sé cuáles sean tus razones, pero sí sé que la gente que tiene motivos de peso para alcanzar sus metas tiende a lograrlas con mayor rapidez y mejor que quienes no saben por qué luchan. Es muy bueno tratar de amasar una fortuna; pero, si logras identificar cuáles son esas razones tan importantes para tenerla, ¡estas ejercerán un gran impacto sobre tu éxito! ¿Tienes metas? ¿Las has escrito? ¿Qué razones tienes para cumplirlas? ¿Cuáles son tus motivos? Te recomiendo que respondas a estas preguntas ahora mismo y luego des los pasos necesarios para convertir tus sueños y metas en tu realidad. Nietzsche afirmó: "Si sabes cuál es tu razón para vivir, ¡sobrevivirás!" ¡Toma la decisión de encontrar tus motivos para vivir!

También quiero compartirte una técnica que he utilizado con algunos de mis clientes a quienes les ayudo cuando se encuentran en dificultades para encontrar su razón de ser y sus propósitos en la vida. Sé que todos disfrutamos al recibir regalos inesperados, pero también sé que a la gente le encanta ver la expresión en el rostro de sus seres amados cuando reciben un presente de parte suya. Hasta la persona más frívola y descomplicada siente satisfacción ante el hecho de impactar a alguien cuando le hace un regalo. Así que comencé a trabajar con mis clientes en cuatro aspectos que les ayudan a estructurar sus metas. Primero, les pido que escriban cuáles sus "metas de lo que quisieran dar": ¿Qué les gustaría dar? ¿Qué legado les gustaría dejar? ¿Qué les gustaría causar en los demás?

Después les ayudó a entender que para "dar", primero deben "obtener" ¡porque es imposible dar de lo que no tienes! Por lo tanto, les pido que escriban sus "metas para obtener": ¿Qué necesitas obtener —qué necesitas generar para poder dar lo que te gustaría dar? Es sorprendente que, cuando unimos el deseo de obtener algo con el propósito de dárselo a otra persona, hacemos mayores esfuerzos que cuando queremos obtenerlo para nosotros mismos. Por ejemplo, la mayoría de los padres hace más por sus hijos que lo que harían por sí mismos. Hay cosas que ellos quisieran tener personalmente, pero tienden a conseguirlas para sus hijos primero y luego sí para ellos. Por eso es bueno saber cuáles son nuestras metas para dar antes de tener en claro cuáles son nuestras metas para obtener. ¿Qué necesitas "obtener" para después poder "dar"?

La siguiente categoría de metas es "las metas de cosas por hacer": ¿qué debes "hacer" para poder "obtener" lo que quieres "dar"? Aquí es cuando comienzas a planear tus actividades diarias para generar más ingresos. ¿Qué pasos debes dar y qué necesitas hacer y dejar de hacer para alcanzar tus metas? Todos hacemos cosas en nuestra vida que son contraproducentes para lograr lo que nos proponemos. (Un ejemplo de esto fue cuando dije que quería perder peso y sin embargo seguía comiendo helado por la noche… eso era contraproducente para lograr mi meta y por eso tuve que dejar de hacerlo).

Necesitas hacerte tres preguntas importantes… ¿qué estás haciendo, qué más puedes hacer y qué debes dejar de hacer para alcanzar tus metas? Una vez sepas qué debes hacer y qué debes dejar de hacer, vas por buen camino al éxito y tendrás muy en claro lo que debes hacer para poder obtener lo que quieres dar.

Por último, ¿cuáles son tus metas "para ser"? ¿Qué debes ser para poder hacer y así lograr obtener lo que quieres dar? Para hacer algo que nunca has hecho debes convertirte en alguien que nunca has sido. ¿En qué debes convertirte para ser esa persona que sabe navegar en medio de tormentas financieras y conseguir una buena fortuna? ¿Qué necesitas aprender con respecto al campo financiero? ¿Qué libros sobre el tema de los negocios necesitas leer? ¿Qué nuevas habilidades debes desarrollar? ¿Qué otros hábitos debes cultivar? Creo que todos tenemos un potencial no descubierto y que, si comenzamos a buscarlo, nos sorprenderemos a nosotros mismos. Emerson afirmó: "Lo que hay ante nosotros y lo que dejamos atrás no se compara con lo que hay dentro de nosotros". En la película El Rey León, Mufasa le dice a su hijo Simba: "Hijo mío, ¡tú eres más grande que aquello en lo que te has convertido hasta ahora!"

Yo creo que existe dentro de nosotros mucho más potencial del que nosotros mismos imaginamos, pero debemos estar dispuestos a crecer y desarrollarnos constantemente. Si queremos mejores resultados, debemos ser mejores. En mi caso, estoy aprendiendo español y francés para poder comunicarme con más gente. Mi anhelo es encontrar otras formas de seguir creciendo ¡y te ruego que tú también continúes creciendo y desarrollándote! ¿Qué debes "ser" para poder "hacer" lo que necesitas y así lograr "obtener" lo que quieres "dar"? Realmente creo que, si logras contestar estas preguntas, ¡verás un futuro más claro y más brillante!

PASO 5

SÉ PROACTIVO

Tu futuro depende de muchas cosas,
¡pero principalmente, de ti!
—Frank Tyger

PARA ENDEREZAR TUS FINANZAS ES CRUCIAL que seas proactivo. La palabra *proactivo* fue popularizada por el Dr. Stephen Covey en su famoso libro *Los 7 hábitos de la gente altamente productiva*. Hace años lo leí por primera vez, pero el año pasado tuve la oportunidad de estar con él en la misma conferencia en Australia y allí nos hicimos amigos. Fue así como pude comprender con mayor profundidad lo que él quiere decir cuando habla de ser *proactivo*: es tomar acciones preventivas. El Dr. Covey opina que todos los 7 hábitos que él propone son importantes, pero que el fundamento de todos es el hábito de ser proactivo —esa es la base sobre la cual se apoyan los otros 6 hábitos.

Ser proactivo es reconocer que tus acciones tienen la capacidad de ejercer un impacto sobre tu situación actual en aras de mejorarla. Ser proactivo implica que actúes, no que te quedes sentado a esperar soluciones. Ser proactivo significa que estás "pendiente de la situación" (como solía decir mi madre acerca de la gente con deseos de alcanzar sus sueños). Ser proactivo significa responsabilizarte de tu futuro y estar dispuesto a poner a funcionar tus ideas para alcanzar tus sueños en lugar de sentarte a esperar a ver si tus sueños se manifiestan en tu vida por sí solos. Es que tomes las medidas necesarias para convertir esos sueños en realidades dando los pasos que se requieran para lograrlos.

Ser proactivo es lo opuesto a ser *reactivo.* Significa esperar a que aparezcan estímulos externos que cambien el estado de las cosas. La gente reactiva piensa que "esta es la manera en que está la situación y por lo tanto no podemos hacer nada para cambiarla". La gente proactiva no espera a que las cosas pasen, ¡sino que hace que pasen! Para convertir tus fracasos económicos en éxitos es necesario que seas proactivo.

Los triunfadores hacen que las cosas sucedan y los fracasados... ¡simplemente dejan que sucedan!

Sobre mi escritorio tengo un pequeño cuadro con un texto que dice: "Los triunfadores hacen que las cosas sucedan y los fracasados... ¡simplemente dejan que sucedan!" Hay quienes lo expresan de manera distinta: "Algunos, hacen que las cosas sucedan; otros, observan lo que sucedió; y el resto, se quedan mirando y preguntan: '¿Qué sucedió?'" En todo caso, de cualquier manera que quieras decirlo, la verdad es que ¡los triunfadores son aquellos que toman una decisión específica para hacer que sus sueños se cumplan!

Mucha gente, cuando se le pregunta por qué razón no ha alcanzado el éxito que quería lograr, culpa al gobierno, a la economía, a sus familiares o a cualquier "ismo" de la vida (tú sabes... sexismo, racismo, exclusivismo, favoritismo, etc.), pero la causa del fracaso que mucha gente no menciona en su lista de motivos para fracasar es la verdaderamente importante: la persona que ve día a día frente el espejo... ¡nosotros mismos! ¡Nosotros somos el obstáculo principal que nos impide tener éxito!

Se ha dicho, y yo creo que es cierto, que el éxito está sujeto a la Regla 80/20: el 80% del trabajo por lo general proviene del 20% de la gente. En cuanto a los logros personales esto significa que nosotros somos responsables del 80% de nuestro fracaso en alcanzar nuestras metas mientras que los obstáculos externos son apenas el 20% del problema. El antiguo proverbio africano dice: "Si puedes vencer a tu enemigo interno, ¡tu enemigo externo no logrará hacerte ningún daño!" Debemos ser brutalmente honestos con nosotros mismos y comprender que nosotros somos el mayor obstáculo para alcanzar lo que más anhelamos: ¡ser exitosos!

Si quieres vencer, debes abandonar tu actitud de esperar a que las cosas ocurran y comenzar a hacer que ocurran. Recuerda, cuando todo esté dicho y hecho, es más lo que habremos dicho que hecho… ¡así que preocupémonos por actuar y no por hablar! Comprométete hoy mismo a esforzarte para actuar hasta alcanzar tus metas.

Durante los tiempos de crisis económicas hay quienes se sientan a esperar a que la economía cambie. Es gente que habla de lo mala que está la situación y apenas se conforma con sobrevivir a ella. Sin embargo, también hay quienes no esperan a que las cosas pasen, sino que hacen que pasen. Michael V. Roberts es una de esas personas. De hecho, ha logrado sus metas con tanto éxito que él y su hermano Steven son ahora dueños de varias compañías bajo la firma Roberts & Roberts que, combinadas, tienen un valor de casi $2 billones de dólares. Él es un magnífico ejemplo de una persona que supo darse cuenta de que las malas rachas financieras son un desafío, pero también ofrecen oportunidades.

Conocí a Mike Roberts durante una conferencia que dicté en A. G. Gaston Economic Conference en Birmingham, Alabama. Él fue el conferencista encargado de abrir el programa y mi conferencia quedó programada para después del almuerzo, así que me senté a escuchar su mensaje, y a medida que iba conociendo su historia, más me sorprendía.

Mike comenzó contando que creció en la ciudad de St. Louis, Missouri, y que sus padres pertenecían a la clase trabajadora, es decir que "no eran pobres, pero tampoco tenían mucho dinero". Mike luchó para poder estudiar y llegar a convertirse en abogado y, cuando terminó sus estudios, se dio cuenta de que la ciudad de St. Louis estaba pasando por circunstancias económicas difíciles. Muchas de las grandes industrias habían cerrado y una enorme cantidad de viviendas estaban quedando abandonadas. Entonces él decidió comenzar una pequeña empresa de desarrollo junto con su hermano, pero a la vez se dedicaron a trabajar para cambiar la actitud mental de los ciudadanos. Fue tal su éxito que lo nombraron para hacer parte del Consejo de la ciudad. Poco tiempo después su hermano también fue elegido para el Consejo y juntos trabajaron en diversos proyectos para mejorar la ciudad. Su empresa fue creciendo poco a poco y con tanto éxito que tuvieron que dedicarle todo su tiempo, motivo por el cual decidieron dejar el Consejo y comenzar a trabajar para construir más y más viviendas para los ciudadanos de St. Louis.

Los hermanos Roberts expandieron su negocio y fundaron una compañía de construcción y después una compañía dedicada a los medios a través de la cual lograron comprar una pequeña estación de televisión. Juntos continuaron trabajando para hacer prosperar sus dos negocios hasta convertirse en una de las compañías más grande a nivel nacional en el campo de los medios. Ahora son dueños de hoteles a lo largo y ancho de Estados Unidos; de compañías de telecomunicaciones y también de una empresa de servicios aéreos –todo debido a que ellos supieron utilizar una situación económica deprimida para construir una gran empresa.

Mike escribió un libro llamado *Action Has No Season* en el cual se enfoca en el hecho de que, quienes son proactivos no centran su atención en la época que están viviendo porque saben que siempre hay oportunidades para aquellos que están comprometidos y decididos a ser exitosos. En su libro él inventó el término "actionaire" para referirse a la gente que no espera a que las cosas sucedan sino que ¡actúa para hacer que sucedan!

Además sostiene que, si quieres construir tu propia fortuna, debes estar dispuesto a enterarte de todo cuanto sea posible sobre tu campo en particular; luego necesitas aprender cómo rodar un negocio y cómo manejar gente y evaluar su desempeño. En su libro él anima a los lectores a amasar su propia riqueza y no simplemente a volverse "rica" porque dice que la gente rica tiende a pensar en términos de conseguir dinero para favorecer solo a una generación mientras que la gente con una gran fortuna piensa en términos de dejar un legado, lo cual significa que les interesa dejar una fortuna que pueda mantener y sostener a muchas de sus generaciones.

También opina que la gente rica hace más alarde de sus bienes mientras que la gente con una verdadera fortuna apenas susurra acerca de ellos; sostiene que la gente rica tiende a lucir, a actuar y a sobresalir como si fuera muy adinerada mientras que la gente realmente adinerada tiende a ser tan discreta en estos aspectos que hasta es subvalorada en cuanto a la cuantía de sus riquezas. Yo creo que hay algo de razón en este concepto porque en la Biblia Dios tiende a fruncir el ceño en cuanto al hecho de ser rico (en la parábola del joven rico Jesús enseña que es más difícil que un rico entre en los cielos que un camello atraviese por el ojo de una aguja). Sin embargo, ¡Dios tiende a sonreír ante el hecho de darnos una fortuna! (Deut. 8:18 afirma que es Dios quien nos da el poder para hacer riquezas; Proverbios 13:22 dice que el buen hombre les deja herencia a sus hijos, pero la fortuna del pecador les sirve a los justos).

Mike también dice que, cuando él y su hermano comenzaron, ellos no contaban con un capital, ni venían de una familia adinerada, y que, aunque no tenían mucho dinero, sí contaban con un sueño y con la voluntad de trabajar duro e invertir su tiempo y energías para comenzar un negocio y hacerlo crecer. Los hermanos Roberts estaban de acuerdo en que surgirían retos y posibilidades de fracasar, pero a pesar de todo se mantendrían positivos y con la certeza de que vencerían. Comienza tú con un sueño, trabaja duro diseñando un plan ¡y luego actúa! ¡Dedícate a trabajar y a vencer!

¡Ser proactivo significa decidirte a actuar!

Si quieres convertir tus crisis financieras en dinero contante y sonante, es totalmente necesario que actúes. Jack Canfield, el coautor de la serie *bestseller Sopa de pollo para el alma* me compartió que tanto él como su amigo y coautor Mark Víctor Hanson recibieron más de 30 rechazos en distintas editoriales, y sin embargo, como ellos tenían plena confianza en su libro siguieron insistiendo hasta obtener un sí por respuesta. Finalmente, una pequeña editorial (Health Communications, Inc.) tomó el riesgo de hacerles un contrato de publicación. HCI no estaba en condiciones de darles un adelanto ni prometerles una distribución masiva del libro, ante lo cual ellos le respondieron que, si la editorial se encargaba de distribuirlo en las librerías, ellos se encargarían de que el libro se vendiera en todas y cada una de ellas. Fue así como se dedicaron a trabajar 24/7 para promoverlo. Para lograrlo se comprometieron a conseguir dos entrevistas diarias en radio y televisión durante un año hasta que de manera lenta pero segura comenzaron a ver que los libros se estaban vendiendo. A los pocos años el libro era un *bestseller* a nivel nacional y más adelante a nivel internacional. Luego publicaron la segunda parte del libro y también se convirtió en *bestseller*. Todo su esfuerzo les generó un éxito multimillonario. Tú también necesitas ser retroactivo y decidirte a actuar con respecto tus planes.

El siguiente fue el ejemplo que Jack nos compartió durante la entrevista sobre la importancia de ser proactivo: después de hablarnos de los retos que tuvo que afrontar para conseguir su propia historia de éxito, y de la importancia de haberse decidido a actuar, Jack sacó un billete de $100 dólares y preguntó: "¿¡Quién quiere este billete de

$100 dólares!?" La gente en el estudio empezó a levantar las manos y a gritar, pero él seguía sosteniéndolo… hasta que alguien se decidió a pararse de su silla y fue hasta donde él se encontraba ¡y tomó el billete de sus manos! ¡Ese fue el ganador!

El escritor y exitoso entrenador John Di Lemme dijo:

El triunfador —siempre es parte de la respuesta.

El fracasado —siempre es parte del problema.

El triunfador —le ve respuestas al problema.

El fracasado —le ve problemas a cada respuesta.

El triunfador —encuentra posibilidades frente a cada obstáculo.

El fracasado —encuentra obstáculos frente a cada posibilidad.

El triunfador —dice: "A lo mejor sea difícil, ¡pero es posible!"

El fracasado —dice: "A lo mejor sea posible, ¡pero es difícil!"

El triunfador —afirma: "¡Yo debo hacer algo!"

El fracasado —afirma: "¡Alguien debe hacer algo!"

¡Elige que serás un vencedor!

Levántate y ponte en marcha —¡Identifica tus talentos e inicia tu camino hacia el éxito!

James Brown, el Rey del Soul, hizo muy popular una canción durante la época de mi juventud que decía: "Ponte en pie… ¡pónganse todos en pie!" A medida que observamos cómo es el proceso de amasar una fortuna pienso que esta es una buena frase de la cual podemos concluir algo acerca del éxito y de construir una fortuna. Primero, si en verdad eres serio al respecto, debes comprometerte a *ponerte en pie e iniciar la marcha*. Lograrás muy poco a menos que te comprometas a andar por el camino que te conduzca hacia tu fortuna. El escritor Bo Bennett dijo en su conocida colección de frases, *Years to Success, Archieboy Holdings*, (*LLC*, 2004): "Confundir entre sí las palabras esperanza, anhelo, fe y oración produce por lo general errores semánticos, pero cuando cualquiera de estas palabras, especialmente esperanza, se confunde con acción, ¡los resultados son espectaculares!" La Biblia dice (en Santiago 2:26) que la fe sin obras es una fe muerta. ¡Por eso necesitas levantarte y marchar con fe hacia tus sueños!

Luego, debes usar tus talentos. Todo mundo cuenta con ciertas habilidades o dones con los cuales fue bendecido. Identifica cuáles son los tuyos y utilízalos. Una de las claves del éxito para construir una fortuna es conocer a ciencia cierta tus habilidades competitivas y explotarlas. Imagínate a un hombre de 2m de estatura y de 300 libras de peso que decide convertirse en jinete porque alguien le dijo que esa era su mejor opción. Parece tonto, pero a diario encontramos gente que escucha a otras personas hablarles de sus posibilidades futuras sin ni siquiera conocer sus habilidades y dones. Algunos son muy buenos para las artes; otros se desempeñan muy bien escribiendo; otros son excelentes para organizar y analizar mientras que hay quienes son muy hábiles para cocinar. Yo no sé cuáles sean tus habilidades, pero sí sé que todos tenemos un área del conocimiento que se nos facilita y nos encanta. Te recomiendo que la identifiques, que te pongas en pie ¡y le saques provecho!

Permíteme decirte que ocasionalmente la vida te enfrentará a situaciones confusas que te alejarán de las oportunidades que se te presenten para aprovechar tus talentos. Por ejemplo, es posible que tu empresa reduzca o elimine la cantidad de personas que ocupan tu cargo y no logres encontrar trabajo en tu campo de acción. Si, por alguna razón, no puedes utilizar tus habilidades y dones, te aconsejo que tomes las oportunidades que encuentres hasta que logres encaminarte nuevamente. Como dijo mi amigo Walter Bond, el antiguo jugador de básquetbol profesional que fue nombrado hace poco el Conferencista del Año por la Asociación de Turismo de Minnesota: "Me echaron del básquetbol y me di cuenta de que tenía que encontrar una nueva pasión. Así que me puse a trabajar en mí y vi que tenía otros dones y habilidades en los que necesitaba trabajar para desarrollarlos". Yo te digo que, si no puedes apoyarte en tus talentos, te apoyes en lo que sea necesario y te pongas en marcha hacia la realización de tus metas.

El Dr. Covey popularizó la palabra *proactivo*, pero ese no es un concepto nuevo. A lo largo de la Historia de la Humanidad la gente ha encontrado que actuar en función de sus metas trae consigo enormes beneficios y logros. Y a esta actitud la han llamado de diferentes maneras. Como dije antes, mi madre solía decir que la gente con ambiciones "está siempre pendiente de la situación". Otra frase que he escuchado desde mi niñez es que uno debe ser "un luchador", un "campeón". Lo cierto del caso es que todos estos términos y frases conducen a un mismo lugar, y ese es: para tener la habilidad de cambiar tus circunstancias actuales necesitas actuar y trabajar duro. Yo diría que ¡luchar con todas tus fuerzas!

Sácale provecho al poder del esfuerzo

Para levantarte de tus fracasos debes estar dispuesto a esforzarte. Necesitas decidir que trabajarás de manera consistente para ejercitar tu capacidad de esfuerzo y hacerla cada vez más fuerte. Así como ocurre con cualquier otra habilidad, la manera de ensanchar tu capacidad de esfuerzo es ejercitándola puesto que, mientras más la ejercitas, más fuerte te vuelves —de la misma manera en que te gustaría ensanchar tus bíceps ejercitando y esforzando esos músculos al máximo. Desarrolla y ejercita tu capacidad de esfuerzo hasta convertirla en una habilidad que funcione a tu favor porque tú decidiste que así fuera.

Yo me comprometí a esforzarme cuando comencé en el campo de las conferencias y he continuado esforzándome hasta el día de hoy. Mi amigo James Carter, el imparable visionario, fue uno de mis tantos invitados a mi programa radial y dijo: "Algunas personas tienen un plan de ventas y un plan de mercadeo, ¡pero muy pocas diseñan un plan para esforzarse! ¡Willie Jolley me enseñó el poder de tener un plan que implique esfuerzo!"

¡A lo mejor te preguntes qué es un plan de esfuerzo! Es simplemente tomar la determinación de que trabajarás más duro de lo que otros piensan que es necesario. Haz lo que se necesite para alcanzar tus metas, siempre y cuando sea ético y legal. No te rindas hasta que cumplas tus propósitos. ¡Lucha y mantente luchando por tus sueños!

Me encanta lo que el Obispo T. D. Jakes dijo sobre el poder del esfuerzo refiriéndose a que mucha gente al principio se preguntaba quién era él, de dónde vino y cómo surgió en el escenario público. Muchos no saben que él llevaba 25 años de esfuerzo y dedicación en las montañas de West Virginia hasta que alcanzó un éxito "repentino". T. D. Jakes cuenta que pasó muchos trabajos para mantener a su familia mientras trabajaba preparando sus predicaciones y conferencias a las que muchas veces asistían a escucharlo apenas unas 25 personas. Viajaba para un lado y para otro en un carro bastante viejo y desbaratado. Sin embargo, él se rehusaba a renunciar y continuaba esforzándose. Dice que, cuando muera, recomienda que le revisen sus uñas porque encontrarán tierra en ellas. ¿Por qué? Porque él nunca dejó de escarbar y arañar la tierra, ni siquiera cuando se volvió famoso.

Te aconsejo que decidas esforzarte porque tu esfuerzo te llevará a lugares que jamás hayas imaginado y a los cuales no llegarás sin él. Nunca olvides cruzar el puente que te lleva al otro lado porque ese es casi siempre el puente que te ayudará al llegar al siguiente nivel.

Una vez me dirigí a una convención nacional llamada The National Association of College Activities Convention la cual estaba encargada de elegir a los conferencistas del año. Yo no tenía dinero para inscribirme en la convención y entonces llamé a un amigo que estaba comenzando a dictar sus conferencias en universidades y le pedí que me permitiera hospedarme en su habitación.

Como no tenía dinero me dirigí a la convención y me quedé parado afuera repartiendo unos pequeños volantes para hacerles propaganda a mis conferencias. Cuando mi amigo me vio, me dijo: "¡Detente, hombre! Lo que estás haciendo no es agradable ni sofisticado, ¡es vergonzoso!" Tan pronto se fue yo seguí repartiendo mis volantes y cuando él se dio cuenta, se enojó y me dijo: "Hombre, esta no es la manera en que hacemos esto. ¡Te estás poniendo en ridículo!" Sin embargo, tan pronto como él volvió a irse yo continúe haciendo mi labor hasta que repartí todos mis volantes.

Más tarde ese mismo día yo iba caminando por los alrededores del centro de convenciones cuando un hombre comenzó a dar voces llamándome. Yo pensé que se trataba de alguien de seguridad que a lo mejor estaba molesto porque yo había roto las reglas y distribuido mis volantes, pero de todas maneras decidí enfrentar la situación y escuchar lo que él tenía para decirme. El hombre me dijo: "¿Es usted el que estaba repartiendo volantes esta mañana?" Yo le respondí: "Sí, lo confieso… ¡era yo!" Entonces él me dijo: "¡Qué bueno! ¡Lo he estado buscando todo el día! Yo soy el dueño de la agencia más grande de reservas universitarias y creo que, si usted tuvo las agallas para hacer el esfuerzo de trabajar como lo hizo hoy, entonces será de gran ayuda para nuestra agencia". Acto seguido, me dio el trabajo solo por el hecho de haberme visto haciendo mi mejor esfuerzo.

Abraham Lincoln afirmó: "Buenas cosas les ocurren a aquellos que esperan. La cuestión es que esas son todas las cosas que desechan quienes saben esforzarse". Y yo digo: "Buenas son las cosas que les ocurren a los que esperan, pero tú tienes que esforzarte ¡si quieres ser *grande*!" Para construir un negocio floreciente tendrás que esforzarte... ¡así que prepárate para luchar!

¡Anímate a lograrlo!

Cuando yo estaba en la secundaria teníamos una porra que usábamos cada vez que nuestro equipo de básquetbol se desanimaba y queríamos motivarlo. Las porristas la lideraban y luego nosotros nos uníamos a ellas gritando con todos nuestros pulmones: "¡Pónganle ánimo! ¡Pónganle ánimo! ¡Pónganle ánimo! ¡P-Ó-N-G-A-N-L-E-Á-N-I-M-O! ¡Pónganle ánimo! ¡Pónganle ánimo!" Les gritábamos hasta que nuestro equipo comenzaba a animarse, respondía y hacía su mejor esfuerzo para ganar el juego. En el básquetbol existe una táctica defensiva que se utiliza con frecuencia cuando el equipo está desmoralizado. Se usa con el fin de convertir el juego a favor y se llama "presión en la cancha"; se aplica cuando la defensa quiere ser superagresiva y ha tomado la decisión de no esperar a que las cosas sucedan, sino a hacer que sucedan. De esa misma manera, si estás planeando convertir tu crisis financiera en dinero contante y sonante, ¡tendrás que animarte a lograrlo!

Aprende a amar las ventas y el mercadeo

El siguiente punto crucial para convertir tus crisis en éxitos es ser más activo y hacer que te conozcan. Es decisivo que hagas mercadeo, mercadeo, mercadeo y ventas, ventas, ventas. Dice el viejo adagio que "¡nada pasa hasta tanto no hayas cerrado una venta!" Tienes que estar dispuesto a vender tus pensamientos e ideas. Vende tus productos y servicios y convence al mercado de que tú tienes algo de interés para ofrecer que beneficiará a otros. Yo le digo a mi equipo de trabajo que es importante que comprendamos que la gente está rodeada de dificultades y que es necesario que nosotros tengamos soluciones a esas dificultades. Como anotaba el notorio conferencista Jim Feldman durante mi programa radial: "Necesitas encontrar a alguien que tenga un dolor y luego venderle una aspirina. Primero, debes ver su necesidad. Después, necesitas suplirla ofreciéndole una solución. Cuando tengas la solución a esa necesidad, ¡entonces estarás en condiciones de cobrar un precio por esa solución!". Con el fin de lograr un éxito indiscutible necesitas aprender a deleitarte en la posibilidad de encontrar soluciones para luego vendérselas a quienes las necesiten. Vender es esencial; es una parte muy importante del proceso de convertir tus fracasos financieros en éxitos.

Un amigo conferencista me llamó en una ocasión, y durante la conversación me dijo: "Me encanta hacer conferencias, pero en este momento estamos teniendo dificultades con las ventas. ¡Detesto vender!" Tan pronto me dijo eso comprendí por qué razón sus ventas eran pocas. Entonces le dije: "Si alguna vez quieres tener éxito, debes vender. Y además, debes eliminar esas palabras de tu vocabulario. De hecho, ¡no permitas que entren en tu mente! Para tener éxito debes aprender a vender tus pensamientos, tus ideas, tus productos y servicios. Y para venderlos de manera efectiva ¡debes deleitarte vendiendo!"

Luego le conté sobre una lección muy valiosa que aprendí años atrás, cuando apenas estaba comenzando a viajar y a dictar mis conferencias por todo el país. Ya estaba adquiriendo cierto reconocimiento y recibía invitaciones a lo largo y ancho de Estados Unidos, así que permanecía de un avión en otro con bastante frecuencia. Al comienzo viajar era divertido, pero después de un año el hecho de viajar perdió su encanto y comenzó a desgastarme.

Por aquella época tuve una conversación con otro conferencista amigo llamado Keith Harrell, autor de *Attitude Is Everything*, quien también se encontraba viajando bastante. Le dije: "Amigo, ¡detesto estos viajes!" Entonces él me respondió: "Willie, no permitas que esas palabras salgan de tu boca otra vez porque lo que dices en algún momento se convierte en tu realidad".

Luego me hizo una pregunta que logró impactarme: "Willie, ¿qué te gusta hacer?"

Yo le respondí: "Me encanta hablar e inspirar a la gente".

Entonces él agregó: "¿Y estás de acuerdo en que para hacer lo que te gusta tendrás que viajar ocasionalmente y que en realidad ese es el precio que tendrás que pagar para poder hacer lo que tanto te gusta?"

"Bueno... sí, supongo que eso es cierto", admití.

Keith prosiguió: "Si es así, entonces no puedes volver a decir que odias viajar porque ya sabes que ese es el precio que pagas ¡por hacer lo que más te gusta!"

Compartí esa historia con mi amigo que acababa de decirme que "¡detestaba vender!" para poder explicarle que tenía que modificar su manera de pensar. Le conté que, cuando estaba en la universidad, tomé una clase de lógica donde aprendí el método deductivo que dice que, si Sócrates es un hombre y todos los hombres son mortales entonces Sócrates es mortal. Siguiendo esta línea de pensamiento, si mi amigo quería ser conferencista (que es sin duda lo que más le gusta hacer), y si vender era lo que más tenía que hacer con tal de conseguir más conferencias, entonces era lógico que ¡también debía gustarle hacer ventas!

Mi amigo se mantuvo en silencio durante algunos segundos y al fin dijo: "¡Tienes razón, Willie!" Y luego proclamó: "¡Me encanta vender! ¡Me encanta vender! ¡Me encanta vender!" Sus ventas comenzaron a mejorar porque su pensamiento y su actitud hacia ellas también mejoraron hasta que llegó a construir un negocio bastante exitoso y a vender millones de dólares de productos y servicios.

Uno de los aspectos que comparto con mis audiencias es que deben HCLG, que significa: "¡Hablar con la gente!" Cuando comencé a dictar mis conferencias, tenía una norma a la que le llamé "la norma del metro". Si alguien se encontraba a 1m de distancia de donde yo estaba, yo me acercaría a hablarle. Recuerdo una ocasión en que me paré en una estación del metro en Washington D. C. a repartir mis "horribles" volantes. Les digo "horribles" porque no estaban bien hechos ni profesionalmente reproducidos, pero eran lo mejor que yo estaba en capacidad de obtener en aquel tiempo. Entonces me fui a repartirlos porque era muy importante mantener mi negocio andando y necesitaba lograrlo a como diera lugar.

Me paré en la estación del metro y comencé a repartir mis horribles volantes. Algunos los miraban y luego los echaban a la basura y otros los recibían y los leían. Unas semanas más tarde recibí una llamada de una agencia gubernamental y la mujer al otro lado de la línea finalmente me programó para dictar una conferencia frente a su organización. Entonces le pregunté cómo se había enterado de mis conferencias y ella me dijo que alguien de su equipo de trabajo había recibido uno de mis volantes en una estación del metro y cuando estaban buscando un conferencista decidieron llamarme. Estoy convencido de que debes comprometerte a HCDLG: hacerte conocer de la gente, cuenta quién eres, qué haces y cuál es tu campo de acción en el mercado. Y una vez te hayas HCDLG, te recomiendo que HCMG —¡hables con más gente!

Una de las técnicas de mercadeo que he utilizado con el paso de los años fue una que aprendí de uno de mis mentores, Joe Charbonneau. Joe fue uno de los primeros entrenadores en el campo de las conferencias y él me enseñó la técnica de ventas conocida como 13, 13, 12 & 12. Él decía que, si haces 13 llamadas de ventas el lunes y 13 llamadas de ventas el martes, luego 12 llamadas de ventas el miércoles y 12 el jueves, y después les envías correos a todos estos contactos el viernes, habrás hecho 50 nuevos contactos esa semana. Sonaba tan elemental que yo me preguntaba si hacer eso era suficiente, pero, cuando logré hacer 13 conversaciones en un día seguidas de 13 conversaciones al siguiente día y luego 12 conversaciones seguidas de otras 12 conversaciones en los siguientes días, mi negocio comenzó a crecer y comprendí que no era solamente cuestión de que estuviera haciendo mis llamadas, sino de que estaba utilizando un sistema. Mucha gente se ha vuelto millonaria porque ha decidido seguir un sistema determinado para triunfar —de la misma manera que hay quienes han utilizado una dieta específica que les ayude a perder peso cuando ellos no han podido lograrlo solos. Y lo mismo sirve para amasar una fortuna: ¡encuentra un sistema de ventas que te funcione y síguelo!

Otro de mis grandes amigos, invitado frecuente a mi programa radial, es Larry Winget. Larry es un personaje reconocido en la televisión que ha aparecido en comerciales de Hyundai y además es la estrella del famoso programa *Big Spender* de A & E Network. También es escritor *bestseller* de *The New York Times* y conferencista de Hall of Fame. Larry fue una de las primeras personas que conocí cuando comencé mi carrera y nos conectamos de inmediato porque estábamos enfocados de una manera muy similar en el hecho de utilizar el mercado de los medios como la principal herramienta para construir nuestras empresas y generar ingresos. Larry opina que existen dos y solo dos razones por las cuales tu negocio no está prosperando. La primera, porque tu producto o servicio no tiene la suficiente calidad, hecho que implica que es necesario seguir trabajando para mejorar. La segunda, porque no estás hablando con la cantidad suficiente de gente que esté interesada en lo que ofreces. Yo estoy de acuerdo con Larry en que necesitas de un nuevo producto y de comprometerte a mercadearlo. Debes hablar con una enorme cantidad de personas o hacer buen uso de la tecnología para que te ayude a enviarle tu mensaje a mucha gente. Si hay algo seguro es que nadie comprará tus productos si no los das a conocer. Así que ocúpate en dar a conocer tu negocio porque esa es la vía adecuada para mejorar tu situación financiera.

Para ser sobresaliente ¡necesitas sobresalir!

Si estás hablando en serio de amasar tu propia fortuna, debes sobresalir de entre la multitud y destacarte. Comprométete a tener productos y servicios destacados que te ayuden a construir tu marca. El escritor *bestseller* y conferencista Scott McKain también estuvo invitado a mi programa y expresó que solo se necesita ser el 1% mejor que la competencia. Es cuestión de comprometerte a hacer un poco más que tu mejor competidor. Da un poco más, ve un poco más allá e inténtalo con un poco más de insistencia. Recuerda que el caballo que ganó la carrera del Kentucky Derby por una nariz obtuvo 10 veces más que el caballo que llegó en segundo lugar. Sé tú el primero… en levantarte, en mantenerte ocupado, en insistir y esforzarte.

En una ocasión estaba haciendo una conferencia en Okinawa, Japón, frente a la Marina de los Estados Unidos y un grupo de marinos me invitó a cenar. Había muchas luces de neón por todas partes y les pregunté sobre esos lugares en que se veían esos avisos tan brillantes. Ellos me explicaron que esos eran los casinos y que esas luces se utilizan para atraer a los clientes. Mi anfitrión dijo: "Las luces de neón atraen a la clientela de la misma manera en que las luciérnagas atraen a los insectos".

A los pocos días observé que los casinos no solo tenían luces brillantes, sino que además contaban con muchos avisos de propagandas de sitios turísticos alrededor de la isla. Según me explicaron, estos negocios han tenido un crecimiento vertiginoso desde que comenzaron a utilizar esa clase de propagandas. Así comprendí que había una lección en este hecho… y es que los negocios que crecen con mayor rapidez son aquellos que comprenden el valor de sobresalir.

Con el fin de tener "un negocio sobresaliente" necesitas "sobresalir" de entre la multitud. Ya sea que se trate de un casino con luces resplandecientes o de un negocio pequeño con un gran aviso en los periódicos, los negocios que crecen más rápidamente son los que entienden el poder de hacerse propaganda. Es difícil que tu negocio crezca si nadie sabe que existe.

Si la gente no sabe que tienes un negocio, no podrá hacer negocios ni ponerse en contacto contigo. Muchos empresarios están trabajando cada vez más duro para ensanchar sus negocios, pero no están utilizando una herramienta muy valiosa para lograrlo. Esa herramienta es la propaganda. Me gusta lo que Ted Turner dijo con respecto al secreto del éxito de su negocio: "Temprano a la cama y temprano fuera de la cama… es una fórmula que funciona bastante y que vende muy bien". Amigos, les recomiendo que se concentren en sacarle provecho a esta poderosa herramienta para hacer crecer su negocio llamada propaganda.

El viejo adagio es cierto: un negocio sin aviso es casi siempre el mejor aviso de que no hay negocio. No te dé vergüenza darle a conocer a la gente que tienes un negocio.

La paradoja de los riesgos y las recompensas

¿A qué se debe que la mayoría de la gente no maximice su potencial? La respuesta es: ¡al miedo! El miedo es la razón primordial por la cual la gran mayoría de soñadores no va en pos de sus sueños e ideales. El temor los detiene de alcanzar el éxito y les hace desistir de llegar a la meta. Debemos controlar nuestros temores ¡o nuestros temores nos controlarán a nosotros!

Es necesario tomar riesgos cada vez que intentes levantarte de tus tropiezos. El reto es analizar a qué posibles riesgos te vas enfrentar. Si quieres transformar tus fracasos financieros en una fortuna, entonces necesitas poner a funcionar tus finanzas.

Tengo algunas ideas que te ayudarán a manejar los riesgos. Hace algunos años fui invitado a dictar una conferencia en High Point University en High Point, Carolina del Norte, donde mi amigo Nido

Qubein es Presidente. Nido no solo es Presidente de High Point University, sino también uno de los mejores expertos del desarrollo en el área de los negocios. Además, es conferencista galardonado, escritor *bestseller* y experto hombre de negocios. Mientras me encontraba visitándolo aproveché para preguntarle cuál era el secreto de su maravilloso éxito.

Él me respondió: "Hermano Willie, la clave para obtener esa clase de éxito es tomar sabias decisiones ya que estas siempre implican riesgos. Por eso tan necesario aprender a tomar riesgos calculados". Después de esas palabras me compartió su fórmula para calcular riesgos y quiero compartirla contigo porque es muy valiosa.

Nido opina que antes de tomar una decisión importante necesitas hacerte cuatro preguntas:

1. ¿Qué es lo mejor que podría ocurrir si tomo esta decisión?

2. ¿Qué es lo peor que podría pasar si tomo esta decisión?

3. ¿Qué es lo más probable que ocurra si tomo esta decisión?

4. ¿Estoy dispuesto a pasar por lo peor para conseguir lo mejor?

Cuando te hagas estas cuatro preguntas y las respuestas sean afirmativas, habrás hallado la mejor manera de proceder. Esa es una buena manera de calcular riesgos y debes procurar utilizarla. Pero, si las respuestas son negativas, entonces deberías retroceder y alejarte de tus planes sin arrepentimiento ninguno.

A medida que leía las preguntas más me convencía de que son las preguntas esenciales para hacer elecciones difíciles. Recordando mi decisión de dejar mi antiguo trabajo para comenzar a incursionar en el campo de las conferencias haces 15 años, aunque no conocía estas cuatro preguntas tan específicas, sé que pasé por ese mismo proceso de manera intrínseca.

Tenía un trabajo que no soportaba (lo cual demuestra que hacía parte de una gran mayoría: algunos estudios demuestran que el 87% de la gente se levanta a diario para dirigirse a un trabajo que no le gusta). Me veía enfrentado a la disyuntiva de permanecer allí en aras de tener cierto nivel de estabilidad o a dejarlo para ir tras mis sueños. Entonces pensé en qué podría ser lo mejor que me ocurriría si lo dejaba. Yo sabía que mi sueño era marcar la diferencia en la vida de mucha gente y que al hacerlo yo mismo pudiera lograr éxito financiero y viajar por todo el mundo. Luego pensé en cuáles serían las peores consecuencias de mi decisión y comprendí que, si fracasaba, me enfrentaría a la posibilidad de perder mi casa. Tengo que aclarar que me daba cuenta a la perfección de que perder mi casa sería una muy mala consecuencia de mi decisión, pero que no por eso me moriría. Y si no me moría, ¡estaba convencido de que volvería a recuperarme financieramente! Sabía que tenía que luchar y que la tarea no sería fácil. Era bastante probable que tendría que trabajar más duro de lo que había trabajado hasta entonces; pero, a medida que recuerdo la situación, yo estaba dispuesto a perder haciendo algo que amara y no a triunfar realizando un trabajo que odiara.

Han pasado más de 20 años y me siento muy feliz de haberme decidido a marcharme a pesar de que tomar esa decisión no fue nada fácil. Por eso te ánimo a que utilices esta fórmula para que logres vivir tus sueños y alcances cada vez más éxitos a nivel profesional y personal. Solo intentarlo… ¡tu vida podría cambiar!

Habla con positivismo sobre tus finanzas

Estoy convencido de que debes hablar positivamente sobre tu vida y tu situación, incluso cuando las circunstancias no vayan muy bien. Insisto en decirle a la gente que cuide su lenguaje porque las palabras tienen impacto en nuestra manera de pensar y en la forma en que la vida nos responderá en cada situación. Por ejemplo, nunca digas: "Yo soy pobre". En lugar de eso, atrévete a decir: "Soy una persona afortunada que a veces se enfrenta a retos financieros, ¡que son siempre temporales!" Recuerda que lo que digas es lo que atraes, así que procura hablar de manera positiva ¡y el bien fluirá en tu vida! Me encanta visitar Australia, y lo que más amo es cuando mis amigos australianos dicen: "¡Que el bien te acompañe, amigo!" ¡Qué gran saludo es ese! He aprendido a decírselo a mis amigos y a decírmelo a mí mismo y a mis finanzas. ¡Proclama tú también el bien sobre tu vida y tus finanzas!

El éxito es para aquellos que están dispuestos a cambiar su manera de pensar y de mirar la vida en su totalidad y no solo en ciertas partes. Para dejar de mirar desde una perspectiva negativa y comenzar a mirar todo con positivismo debes actuar de acuerdo a una manera nueva de pensar. No es fácil hacer ese cambio, pero, si estás dispuesto a ampliar tu forma de pensar para crecer y actuar desde un mejor punto de vista, entonces comenzarás a vivir a otro nivel. Necesitas hacer ese cambio. No siempre es posible controlar lo que pueda pasarte, ¡pero siempre es posible controlar lo que pueda pasar *dentro* de ti! No puedes cambiar las circunstancias que la vida te presenta, pero sí puedes elegir de qué manera responderás frente a ellas. Mi amigo Tim Storey, quien es un poderoso evangelista y conferencista motivacional, afirma: "Los retos son parte de la vida. Tus elecciones no siempre traen consigo retos, ¡pero sí pueden sacarte de ellos!"

Mucha gente se escuda diciendo que actuó de determinada manera porque no tuvo "otra opción". A lo mejor dirán: "Renuncié a mis sueños o a mis metas porque no tuve otra opción". Yo estoy de acuerdo en que, aunque fuera probable que no tuvieran una opción *placentera*, sí tenían una opción. ¿Era una opción fácil? ¡*No*! ¿Pero valía la pena? ¡La respuesta es un resonante *sí!* Es cuestión de seguir confiando y creyendo. Te darás cuenta, como yo, ¡que lo mejor está aún por venir! Incluso en medio de tiempos difíciles es posible convertir los fracasos en una fortuna.

¿Por qué no decir sí?

¡Estoy convencido de que debemos sobreponernos a nuestros temores y aprender a decirles *sí* a la vida y al éxito! Decirles *sí* a nuestros sueños y *sí* a la clase de vida que siempre quisimos tener. Diles *sí* a todas las posibilidades y oportunidades que se te presenten. A lo mejor te preguntes: "¿Cuáles posibilidades?" Yo te aseguro que sí hay posibilidades a tu alrededor; y si dejas de decir que no, comenzarás a verlas por todas partes, especialmente si vives en Estados Unidos. Esta es la tierra de las oportunidades pues incluso en medio de una recesión las encuentras. ¿Has notado que la gente todavía sigue insistiendo en inmigrar a Estados Unidos? ¿Te has dado cuenta de que a la gente que viene de otros países a vivir aquí le va bien? De hecho, los estudios muestran que la gente de otros países se vuelve millonaria en América cinco veces más rápido que la gente que nació aquí. ¿Por qué? Porque a lo mejor ellos vienen de un país en donde el salario promedio es de $10 dólares al día, y en América ganan $10 por hora. Ellos vienen con una perspectiva distinta, con otra manera de pensar, y llegan aquí y le dicen *sí* al éxito. Ven dinero en lugares que la gente que nació aquí menosprecia.

Hace poco tuve una conversación con mi amigo Peter Tabibian, el dueño de una nueva cadena de restaurantes de hamburguesas llamado Z-Burger. Conocí a Peter en un tienda de 7-Eleven a la que voy con frecuencia a tomar café. Él me había visto en televisión y hablamos acerca de su vida y sus negocios. Peter me contó que vino a América cuando era un jovencito y siempre ha vivido sorprendido de este país. Él siente que Estados Unidos es el país más grande del mundo debido a las oportunidades que ofrece. Le pregunté de qué manera la economía impactaba su negocio y él me contestó que su negocio estaba en pleno auge. Admitió que era más difícil que antes, pero ni comparación a lo difícil que fue su situación en su tierra natal cuando él estaba creciendo. Me dijo que incluso en tiempos de crisis esta era una muy buena época y un excelente lugar para hacer negocios. De hecho, regresé de un viaje hace unas pocas semanas y me senté a ver el noticiero de la noche y allí estaba Peter con el expresidente Bill Clinton, quien visitó su restaurante para comprar unas hamburguesas. Yo te ánimo a que adquieras una actitud de decirles *sí* a la vida y a tus sueños. Las posibilidades están abiertas para todos aquellos que se dispongan a abrir sus ojos y su mente.

Es como la historia bíblica sobre el profeta Eliseo y su siervo Giezi. El profeta Eliseo se mantuvo pendiente de los movimientos de los enemigos de Israel y se los hizo saber a los generales del ejército israelita; fue de esa manera como ellos lograron escapar de las trampas de sus enemigos. Los generales enemigos estaban tan molestos que querían saber quién los había traicionado. Entonces les informaron que no había ningún traidor en sus tropas, pero que el profeta Eliseo fue quien les informó a los israelitas lo que estaba ocurriendo en su contra. Los generales enviaron sus tropas al lugar donde Eliseo se encontraba, y cuando su siervo Giezi despertó, se sorprendió al ver que estaban rodeados por los soldados enemigos. Giezi corrió a despertar a Eliseo y le dijo: "Mi maestro, ¿qué haremos?"

Eliseo le respondió: "¡No te preocupes! ¡Son más los que están con nosotros que los que están con ellos!" Me imagino a Giezi mirando hacia la enorme cantidad de soldados enemigos y contando con dos de los de su mano a él mismo y a su maestro contra el ejército enemigo. Pero Eliseo oró y le pidió a Dios que le abriera los ojos a Giezi. Y cuando sus ojos se abrieron, Giezi pudo ver ¡que las montañas estaban llenas de caballos y carruajes de fuego que el Señor había enviado para defenderlos!

Yo oro para que tú les digas *sí* al éxito y *sí* a las oportunidades que se te presenten, y para que tus ojos se abran a la increíble cantidad de circunstancias a tu favor que te rodean. Abre tus ojos y luego muévete en torno a esas metas y sueños y conviértelos en tu realidad.

¿Todavía estás esperando a que tu barco atraque en tu puerto?

Muchos dicen estar esperando el barco que los lleve a su destino. Están esperando pacientemente su cuarto de hora. Recuerdo mis días trabajando como cantante en los clubes nocturnos (antes de que existiera *American Idol*) esperando a que mi gran momento para ser descubierto llegara. (En aquel tiempo no me daba cuenta de que la mayoría de la gente que está en un club nocturno se encuentra demasiado ebria como para descubrir su camino a la puerta de salida). Siempre escuchaba decir: "Tú solo canta, ¡canta bien duro y algún día alguien te descubrirá!" Vivía esperando ese gran momento, pero nunca llegó. Entonces aprendí a dejar de esperar y comencé a buscar oportunidades y así aprendí que debes ir en busca del éxito y no sentarte a esperar a que te llegue. Me encanta el viejo proverbio chino que dice: "Aquel que espera que el pato rostizado vuele hasta su boca ¡tendrá que esperar durante bastante tiempo!".

Esa experiencia me enseñó que la mejor manera de mejorar tu futuro es preocupándote por ser cada día mejor. Fue en ese entonces cuando decidí que no esperaría que el éxito viniera a buscarme y comencé mi programa de desarrollo personal. Yo mismo iría en busca de oportunidades. Tenía dos opciones: continuar esperando a que mi barco llegara o ir nadando a buscarlo. Yo decidí nadar y me siento muy contento de haberlo hecho porque algunos de mis amigos todavía están en el puerto esperando a su barco. El éxito no ocurre sentándonos a esperarlo; ¡hay que ir a buscarlo! Haz tú el compromiso de ser productivo con respecto a tu éxito. Comprométete a hacer algo *hoy mismo* que te ayude a cumplir tus sueños y metas. Enfócate en leer y escuchar un mensaje positivo y motivador cada día. (Si no tienes una copia de mi nuevo álbum *Money Making Music and Minutes*, te recomiendo encarecidamente que consigas una ¡porque te servirá bastante!). ¡Comienza ya mismo!

Un secreto más que quiero compartir contigo para que logres amasar tu propia fortuna tiene que ver con el poder de saber negociar. Cuando te vuelves un mejor negociante, estas en capacidad de incrementar tus ingresos. Al fin de cuentas no se trata siempre de cuánto dinero ganas, sino de cuánto logras conservar realmente. Michael Soon Lee, autor de *Black Belt Negotiating*, estuvo como invitado en mi programa radial y compartió con nosotros una poderosa estrategia para mejorar los ingresos netos: aprende a negociar mejor y lograrás conservar más de lo que ganaste. Lee afirma que los americanos no negocian otra cosa que no sea el precio de sus carros y de sus casas, en cambio la gente de muchos otros países negocia sobre absolutamente todo. También afirma que casi todo es negociable, si las circunstancias son adecuadas. Es posible conseguir mejores precios o lograr más por tu dinero.

En su libro Michael comparte algunas claves respecto al poder de mejorar tu actitud con el fin de aprender a negociar. Primera, debes sobreponerte a tus temores e inquietudes cuando se trata de obtener un mejor precio. Si no pides descuento, ¡jamás lo conseguirás! Segunda, aprende a mirar la negociación desde el punto de vista de la ventaja que obtendrá tu contraparte. Si es posible, ayúdale a ver de qué manera al hacer un trato contigo también está recibiendo un buen beneficio. Tercera, ponte en la posición de la otra persona. Cuarta, una vez hayas decidido negociar, no te enfoques solamente en conseguir un precio más bajo y mira qué otras opciones y ventajas podrías obtener, como por ejemplo algún beneficio agregado o un mejor plan de pago. A lo mejor si haces tus pagos a tiempo te cobran menos intereses —o ninguno. Cada centavo que logres ahorrar va marcando la diferencia a favor de tus finanzas.

Mucha gente sentirá que pedir un mejor precio es molesto, pero si logras ahorrar unos dólares aquí y otros allá, después de un año habrás ahorrado mucho dinero. ¡Comienza ya!

PASO 6

SÉ CREATIVO

El siguiente paso para reponerte de tus fracasos financieros es ¡ser creativo! Procura pensar en ideas nuevas y luego ponlas en práctica —de eso se trata. Quiero asegurarme de que no olvides los términos que son definitivos en la frase anterior: *pensar* y *poner en práctica*. Ser creativo implica tomar acción. Necesitas pensar en otras opciones y perspectivas, y luego desarrollar un plan para convertir esas ideas en realidades.

Durante años he escuchado decir que, cuando necesitas más dinero, el problema no es realmente sobre dinero, sino sobre falta de nuevas ideas. Esfuérzate y sé más creativo en tu intento por convertir tus fracasos en éxitos.

El ingenioso lustrador de zapatos

En mi libro *It Only Takes A Minute To Change Your Life* comparto una historia que demuestra el poder de la creatividad. Había un lustrador de zapatos en un pequeño pueblo. El hombre era muy bueno en su trabajo y quería irse a Nueva York con el propósito de expandir y hacer crecer su negocio. La gente del lugar le decía que jamás triunfaría en aquella ciudad, pero él tenía fe y se fue a empezar su negocio. Cuando llegó a Nueva York se dio cuenta de que la competencia era bastante fuerte; había puestos para lustrar zapatos en casi todas las esquinas, pero él no se dejó atemorizar y procedió a comenzar su negocio; sin embargo, el negocio iba lento debido a la tremenda cantidad de competencia.

Un día, un apresurado ejecutivo salió de su oficina, la cual estaba ubicada a unos bloques de donde el joven lustrador se había ubicado. A medida que el ejecutivo caminaba en dirección del lustrador, otro lustrador se le acercó y le dijo: "Permítame lustrarle sus zapatos. ¡Necesito pagar mi renta!" El ejecutivo le respondió: "¡No, gracias!"

El apurado hombre siguió su camino y otro lustrador volvió a aproximársele y le dijo: "Amigo, ¿por qué no para aquí y me permite lustrarle los zapatos? ¡Necesito el trabajo!" De nuevo el hombre respondió: "¡No, gracias!" Pasó frente al tercer lustrador, al cuarto, al quinto y al sexto hasta que al fin pasó frente al lugar donde se encontraba el joven lustrador, y a medida que se acercaba hacia él observó que el lustrador estaba contando "... 97, 98, 99, 100". Entonces el ingenioso joven detuvo al ejecutivo y le dijo: "Discúlpeme, señor. Usted es la persona #100 que pasa frente a mi negocio. Hoy es mi cumpleaños y me siento muy agradecido por este nuevo día, y para celebrarlo he planeado lustrarle los zapatos de manera gratuita a la persona #100 que pase frente a mí. Como esa persona es usted, por favor, ¡permítame la oportunidad de lustrarle sus zapatos y mostrarle mi gratitud al celebrar otro cumpleaños!"

El ejecutivo se sorprendió y le dijo: "¡Vaya! ¡Eso es magnífico! ¡Aceptaré su oferta!" Y se sentó para que el lustrador hiciera su trabajo. Cuando terminó, el ejecutivo miró hacia abajo y sus zapatos parecían como nuevos. "¡Esta es la mejor lustrada que alguien le ha dado a mis zapatos!", exclamó. "Deme unas cuantas tarjetas de su negocio; ¡voy a decirles a todos mis amigos que vengan a lustrar aquí sus zapatos!"

El joven lustrador le dio un buen número de tarjetas y le agradeció por haberle permitido lustrarle sus zapatos. Cuando el ejecutivo ya se disponía a irse a su reunión, dio media vuelta y le dijo: "Sé que hoy es su cumpleaños, pero ¿cuánto cobra normalmente?"

El joven le contestó: "¡$5 dólares, señor!"

Entonces el ejecutivo buscó en su bolsillo y sacó un billete de $50 y se lo dio al joven diciéndole: "¡Feliz cumpleaños!" ¡El joven quedó estático! Miró al cielo y después al billete de $50. Luego volvió a mirar al cielo y dijo: "... 97, 98, 99...".

¡La lección aquí es que debes ser creativo!

Para convertir tus fracasos financieros en dinero contante y sonante es crucial que te tomes el tiempo para pensar. Esa debe ser parte de tu rutina diaria con el fin de desarrollar pensamientos creativos. Te recomiendo que apartes un espacio para sentarte con libreta y papel en mano o con tu computador y empieces una sesión de creatividad haciéndote esta pregunta: "¿Cómo puedo incrementar mis ingresos hoy?" Te invito a que te asegures de escribir la palabra *cómo* al comienzo de la pregunta —no preguntes simplemente: "¿Puedo incrementar mis ingresos hoy?" Si te haces esta segunda pregunta, comenzarás perdiendo el juego. No te dejes influenciar por lo que digan los medios, ni por los reportes del mal estado de la economía, ni por cuántos negocios estén en quiebra, ni por la cantidad de gente que haya perdido su trabajo. No te hagas esa segunda pregunta, ni te entretengas en ella; en lugar de eso, mantén tu mente enfocada en la primera: "¿*Cómo* puedo incrementar mis ingresos hoy?" Si te centras en ella, en el *cómo*, te sorprenderá la cantidad de ideas que vendrán a tu mente.

Earl Nightingale prudujo una grabación basada en el libro *Piense y hágase rico* llamada *The Strangest Secret*, la cual se convirtió en la más vendida de todos los tiempos en el campo de la autoayuda. La grabó en la década de 1950 y en la actualidad sigue siendo una de las más vendidas. En esta grabación Earl Nightingale afirma que la mayoría de la gente no logra tener éxito en la vida debido al hecho de que no se detiene a pensar. Quienes están dispuestos a pensar de manera distinta son quienes obtienen los mayores éxitos.

La importancia de la imaginación

La importancia de la imaginación quedó impresa en mí durante mi juventud cuando tuve la oportunidad de conocer a Mohamed Ali. Me encontraba visitando a mi abuela en Filadelfia y mi madre consiguió entradas para verlo durante la grabación de un programa de televisión. Yo estaba tan emocionado que no sabía qué hacer, ni veía el momento de entrar al estudio de grabación. ¡Hasta conseguimos sillas en la primera fila! El campeón llegó y nos saludó de mano a todas las personas que estábamos en la primera fila. ¡Me sentía muy emocionado y casi no podía esperar para llegar a mi casa para contarles a todos mis amigos que había estrechado la mano de Mohamed Ali!

Hoy miró hacia atrás y comprendo que estrechar su mano fue muy importante, pero eso quedó en el recuerdo. Sin embargo, durante la entrevista él dijo algo que nunca se me olvidó. Sus palabras sembraron una semilla que creció y creció dentro de mí y que me ayudó a darle forma a mi manera de pensar. Le preguntaron cómo había hecho para revolucionar la industria del boxeo y lograr que la gente se interesara tanto en ver sus peleas. Su respuesta fue que la imaginación había sido la clave de su éxito. Dijo: "Mira, yo aprendí hace mucho tiempo que ser bueno no es suficiente; tienes que tener imaginación y un sueño por cumplir". Mohamed Ali desarrolló una personalidad que la gente amaba o detestaba. Quienes lo amaban, iban a verlo ganar; y quienes lo odiaban, iban a verlo perder. De cualquier manera, ¡las entradas se agotaban!

Ese día aprendí algo que me ayudaría para el resto de mi vida. Aprendí sobre el poder de los sueños. ¡Aprendí que tienes que tener imaginación y ser creativo!

No hace mucho vi un comercial bastante poderoso e impactante. Era acerca de un niño viendo un corto de Mohamed Ali después de haber vencido a Sonny Liston en la pelea por el Campeonato Mundial.

El joven Ali estaba gritando: "¡Hice temblar al mundo! ¡Hice temblar al mundo!" Luego la escena gira en torno al niño sentado junto al ya envejecido Mohamed Ali, quien mira al pequeñito a los ojos y le dice: "¡Haz temblar el mundo! ¡Haz temblar al mundo!"

Creo que estamos viviendo en una época en la que podemos hacer cosas increíbles, si estamos dispuestos a utilizar nuestra imaginación. Ha llegado el momento de cambiar nuestra manera de pensar, nuestras finanzas y nuestro futuro. ¡Ha llegado el momento de hacer temblar al mundo! ¡Dedícate a lograrlo! ¡Haz temblar al mundo!

El poder de tu red de contactos en el camino a amasar tu fortuna

Uno de los secretos para triunfar en la meta de amasar tu fortuna es estar abierto a las ideas de otras personas y comprometerte a construir tu red de contactos con gente que piense en grande. Es esencial construirla teniendo la capacidad de escuchar y aprender de los demás. Henry Ford afirmó: "Yo no tengo que saber todas las respuestas. Solo tengo que asegurarme de ser lo suficientemente inteligente como para rodearme de personas bien preparadas y además contar con la sabiduría de saber escucharlas y aprender de ellas".

La experiencia me ha enseñado que, en lo referente a los negocios, es tu red de contactos la que con frecuencia determina tu capacidad de ventas. ¿Con quiénes estás invirtiendo tu tiempo? ¿Con qué clase de personas estás hablando y compartiendo ideas? ¿Te animan, te inspiran y vierten sobre ti energía positiva? ¿O te desaniman, te deprimen y te roban fuerzas y creatividad? Recuerda que terminarás por parecerte a aquellos con quienes pases tu tiempo… para bien o para mal. Así que comprométete a estar con personas que te generen ideas inspiradoras y te animen a cumplir tus metas empresariales porque son ellas las que ejercerán un mayor impacto sobre tu deseo de reponerte de tus fracasos. Tu red de contactos te ayudará de manera definitiva a ensanchar tu negocio. La vida no se compone solamente de lo que tú conozcas, sino también de a quién conozcas y de quién te conozca. Por eso es tan importante desarrollar una red de contactos con gente a quien tú conozcas y que te conozca —y que además conozca lo que tú haces.

Los estudios muestran que en tiempos de crisis el 90% de los trabajos se obtiene como resultado de relaciones interpersonales. La gente consigue trabajos a través de sus contactos, ya sea directamente o como resultado de conexiones con otras personas que pertenezcan a las redes de los contactos de sus contactos. Yo contraté a mi gerente de ventas porque uno de mis mejores amigos me dio su hoja de vida acompañada de una buena referencia sobre su trabajo a través de su cuñada; él sabía que yo estaba entrevistando candidatos para ese cargo y me envió la información de esta persona contándome que la había recibido con muy buenas recomendaciones. Basado en esta información la entrevisté y después de una magnífica entrevista decidí contratarla.

El viejo adagio dice que existen apenas seis niveles de separación entre dos personas a lo largo y ancho del mundo, pero yo creo que en este tiempo de tanto auge en las redes sociales esos niveles de separación son todavía menos. La clave está en que desarrolles relaciones interpersonales y trabajes en ellas. Uno de los puntos en los que creo que deberías enfocarte durante tiempos de crisis es desarrollando tu red de contactos. Debes estar dispuesto a interactuar. Comienza trabajando en tus relaciones antes de necesitarlas.

Adicionalmente, te recomiendo que tengas en cuenta hacer depósitos en tus relaciones antes de tener que hacer retiros. En otras palabras: mira de qué manera puedes ayudarles a otros antes de que tú mismo tengas que pedir ayuda.

Para transformar tus fracasos financieros en dinero contante y sonante es esencial que expandas tu red de contactos y te enfoques en incluir en ella asociados estratégicos. Te animo a que te comprometas contigo mismo a contactar gente de tu red y busques maneras de servirles de ayuda (y que ellos a su vez también te sirvan). Necesitas relaciones ganar/ganar puesto que las mejores alianzas estratégicas se benefician entre sí.

No te conformes con buscar un empleo... ¡Crea uno! (Conviértete en el Gerente Ejecutivo de TÚ, Inc.)

Te recomiendo que dejes de pensar como un empleado que simplemente está buscando un trabajo y comiences a pensar como alguien que está al frente de una empresa. Eso significa que debes empezar a pensar como el Gerente Ejecutivo de T.Ú. Inc. Y una de las maneras para lograrlo es a través de tu propia red de mercadeo. La red de mercadeo funciona cuando un producto es distribuido a través de contactos personales y no en las tiendas. El dinero y esfuerzo que por lo general invertirías en propaganda para dar a conocer tus productos y servicios a través de los medios es mejor invertirlo en incentivos para la gente que esté ayudándote a venderlos al ofrecérselos a sus contactos al mismo tiempo que también les ofrecen la oportunidad de involucrarse en el negocio con el fin de obtener un ingreso adicional al venderles a sus respectivas redes de contacto.

Hay quienes tienen una impresión negativa del mercadeo en red, pero es porque no se han dado cuenta de que este tipo de mercadeo ha sido un medio para que mucha gente se vuelva millonaria. Cuando los tiempos son difíciles y la economía individual tambalea y la gente está buscando maneras creativas de ganar más dinero, las redes de mercadeo son una herramienta bastante eficaz de comenzar un negocio que tiene la ventaja de requerir de muy poca inversión para empezar a funcionar, y además con el atractivo de que, mientras más exitoso te vuelves, más exitosa será tu red de contactos.

Algunos piensan que las redes de mercadeo son un esquema piramidal o un sistema sofisticado al estilo Ponzi. Bueno, ha habido algunas empresas inescrupulosas que sí han utilizado inadecuadamente las redes de mercadeo desde sus inicios. Sin embargo, la mayoría de empresas que trabajan bajo esta estructura son legítimas, son un medio excelente para construir una gran fortuna personal. Robert Kyosaki y muchos otros entrenadores del éxito recomiendan en mercadeo en red como una manera increíble de amasar una fortuna, y yo me uno a ellos. A través de los años he tenido la oportunidad de ser invitado a cientos de eventos organizados por redes de mercadeo y me mantengo en contacto con gente que he conocido durante esos eventos. Muchos de ellos se han vuelto millonarios y tienen unas increíbles historias de éxito. Yo creo que el mercadeo en red ofrece una oportunidad excepcional para convertirse en empresario independiente, dueño de su propio negocio y con el potencial para hacer una gran fortuna.

Trabaja como voluntario y gánate un lugar propio

Otra forma para construir tu propia fortuna es ofreciéndote como voluntario. Parece un contrasentido, pero no lo es.

Durante un vuelo conocí a un joven que en medio de nuestra conversación me dijo que se sentía frustrado por sus esfuerzos inútiles de conseguir empleo; había estado enviando su hoja de vida a distintos lugares, pero nada que lo contrataban. Yo le dije que a lo mejor tenía que intentar algo distinto como por ejemplo trabajar como voluntario y ser tan excelente que él mismo creara su propia oportunidad de emplearse. Le pregunté si alguna vez había escuchado hablar de Michael Baisden, el reconocido locutor de programas radiales. El joven me dijo que sí lo conocía. Yo le conté que Michael Baisden trabajó en una ocasión para Chicago Transit

Authority. Él quería ser locutor de radio, pero en vista de que nadie lo contrataba se ofreció como voluntario para demostrar que sí tenía las capacidades necesarias para hacer ese trabajo. Fue así como logró crear ese programa tan popular en toda la ciudad. Desde el comienzo obtuvo un gran contrato y buena aceptación a nivel nacional. Por eso le dije al joven que le recomendaba trabajar como voluntario y ser tan excepcional que él mismo creara su propio espacio laboral.

Hasta yo decidí seguir el ejemplo de Baisden porque quería darme a conocer a nivel nacional y para lograrlo me ofrecí como voluntario para hacer entrevistas los lunes en la mañana en las estaciones de Radio One Network. Entonces me dediqué a llamar a estaciones radiales a lo largo y ancho de América todos los lunes en la mañana y lo hice gratuitamente. Después del primer período de ratings la emisora observó que el programa estaba teniendo muy buena acogida entre el público y por esa razón recibí una oferta para hacer un segmento más largo en su estación XM —¡y devengando un sueldo! Desde entonces he estado trabajando para tener uno de los programas de autoayuda con mayor acogida en XM Radio. Y todo comenzó porque me ofrecí como voluntario.

Ahora permíteme contarte el resto de la historia de este joven que conocí en el avión. Con el tiempo recibí una nota en la que él me contaba que decidió ofrecerse como voluntario y los resultados fueron fantásticos. No solo consiguió un trabajo, sino que era un trabajo que le pagaba mejor que su empleo anterior. Si no logras conseguir gente que quiera pagarte por tu trabajo, pero crees en ti mismo y en tus sueños, te recomiendo que te ofrezcas como voluntario y hagas un trabajo excelente. De hecho, ¡una labor irremplazable! Desarrolla una reputación de excelencia en lo que hagas y lo más probable es que termines creando tu propio espacio para hacer tu trabajo. ¡Tú mismo determinarás tu destino! En mi programa, *An Attitude of Excellence*, soy muy enfático al decir que ¡la excelencia es siempre la mejor manera de asegurar tu trabajo! ¿Por qué? Porque… con el paso del tiempo la excelencia termina produciendo los mejores dividendos. Por lo tanto, ¡busca la excelencia en todo lo que hagas!

"¡Lo he intentado todo!"

Con mucha frecuencia habló con personas que están atravesando momentos retadores en su vida y algunas de ellas me dicen: "¡Lo he intentado todo!" Entonces yo les pregunto: "¿Has intentado esto? ¿Has intentado aquello?" Por lo general, la respuesta que recibo es: "¡Bueno, no había pensado en eso!" Ante esa respuesta, yo agrego: "¡Entonces es posible que todavía no lo hayas intentado todo!" Te recomiendo que te sientes con papel y lápiz y escribas en la parte superior de la hoja: "Cómo puedo alcanzar xxxx" (lo que sea que estés tratando de alcanzar) y después pienses en todo lo que podrías hacer para lograrlo y lo escribas. Cuando ya hayas agotado todas las opciones, quiero que les preguntes a algunos de tus contactos si tienen ideas para compartirte al respecto. (Dicho sea de paso, si ellos te dicen: "¡Eso no se puede hacer!", lo mejor es que dejes de escucharlos y comiences a pensar en ensanchar tu red de contactos). En otras palabras, debes reconocer que a lo mejor ya has escrito todo aquello en lo que lograste pensar, pero que esas no son las únicas opciones que tienes. Sigue pensando y buscando respuestas.

¡Lo mejor está por llegar!

En mi libro *An Attitude of Excellence* cuento una experiencia que literalmente me cambió y me ayudó a tener una nueva perspectiva sobre lo que son la vida y el éxito. En ese tiempo yo era un conferencista novato y todavía estaba pasando trabajos dando a conocer mi negocio. Se me hacía difícil pagar el teléfono y evitar que me cortaran la electricidad. Era un momento difícil y yo tenía la esperanza de que alguien me llamara y me programara para alguna de mis conferencias y así tener algo de dinero para pagar mis cuentas. Al fin recibí una llamada de una organización ubicada en Orlando,

Florida, y conseguí un contrato para ir a participar en su evento. Estaba tan emocionado de pensar que iba a ganar dinero que no podía contener mi alegría.

Viajé a Orlando a dictar mi conferencia y cuando la terminé recibí una ovación de pie. ¡Me sentía en las nubes! Recibí mi cheque y la empresa hasta incluyó un bono en mi pago por haber hecho tan buen trabajo. Venía de regreso a casa entusiasmado y con dinero. Pero luego comencé a pensar en todo lo que tenía que pagar y en mis gastos para mantenerme y en ese instante comprendí que ya debía ese dinero. ¡Había dinero para todos, menos para mí! De repente me sentí deprimido porque el dinero se esfumó antes de ni siquiera haberlo depositado en mi cuenta.

Ante el hecho, decidí hacer una pequeña fiesta de autocompasión y al rato comencé a hablar con un caballero mayor que venía conmigo en el vuelo. El hombre debió darse cuenta de que yo no me estaba sintiendo muy contento y durante la conversación me hizo una pregunta que ejerció un tremendo impacto sobre mí: "Joven ¿cuántos años cree usted que yo tengo?"

Me quedé mirándolo y por fin le dije: "Bueno, yo diría que unos 60". El hombre me sonrió, se quitó sus gafas, me miró directo a los ojos y me dijo: "Joven, viajó por todo el país hablándole a la gente de salud y bienestar, y lo hago todos los días. Y quiero que sepa que tengo 88 años ¡y que lo mejor de mi vida todavía está por llegar!"

¡En ese momento todo cambio para mí! Si un hombre de 88 años lograba ver que sus mejores días estaban delante de él y no en su pasado, ¿por qué razón en este mundo tenía yo que quejarme de mi situación? Si un hombre de 88 años era capaz de sentirse así de optimista, ¿qué me detenía a mí de triunfar? La respuesta a esta pregunta era: "¡Yo mismo!" Yo estaba esperando a que el éxito viniera a buscarme en lugar de salir a crear mis propias oportunidades de éxito. En lugar de esperar a que la gente me llamara yo tenía que llamar a la gente. En lugar de sentarme frente a la chimenea a pedirle que me calentara lo que necesitaba era ponerle leña al fuego para que me produjera calor.

Ese día, cuando me bajé del avión, yo era otra persona. Regresé a casa con una nueva actitud y lleno de optimismo. Tomé el teléfono y comencé a hacer llamadas que me produjeran ventas y a hablar con más gente acerca de mi negocio. Fue obvio que mi situación comenzó a cambiar. Ese caballero estaba en lo cierto: ¡lo mejor de mi vida estaba por llegar!

Muchos años han pasado desde que aquel hombre me dijo esas palabras y me animó. Grandes cosas han ocurrido en mi vida. Ya he triunfado como conferencista, como escritor y como locutor de radio y televisión, y sin embargo, estoy convencido de que esta es apenas la punta del iceberg de lo posible. ¡Creo sinceramente que lo mejor de mi vida todavía está por llegar! ¡Y estoy convencido de que lo mejor de tu vida también está por llegar! La pregunta es: ¿Lo crees tú también?

PASO 7

ORA SIN CESAR

ESTE ÚLTIMO PASO DEBERÍA SER EL primero porque es definitivamente el más importante: orar sin cesar. Estoy convencido de que la oración cambia el estado de las cosas y nos da esperanza. Un estudio realizado por American Psychological Association afirma que la gente que cree en Dios y ora tiende a tener una vida más larga. Me sorprende ver que, cada vez que entrevistó personas que tienen entre 90 y 100 años de edad y les pregunto cuál ha sido su secreto para una vida larga, siempre me cuentan que una de sus razones es "¡tener fe y confianza en Dios!" Hace años aprendí que, si quieres saber cómo hacer alguna cosa, debes preguntarles a quienes ya la hayan hecho y aprender de ellos.

Aunque la oración es el paso más importante, yo la dejé intencionalmente para el final porque con demasiada frecuencia hay quienes malinterpretan las Sagradas Escrituras pensando que ellas dicen que si oras ya no tienes que hacer nada más para lograr tus metas. Muchos creen en una teología que sostiene que no hay que hacer nada más que orar y entonces todo saldrá bien. Sin embargo, la Biblia dice claramente que si una persona no trabaja, ¡entonces que no coma! Esta afirmación anima a la gente una y otra vez a orar y después ponerse en pie e ir a trabajar. También dejé a propósito este tema para lo último porque quiero invitar a toda esa gente que está esperando a que Dios le envíe su ayuda directo a sus manos y sin que le cueste ningún esfuerzo a que se levante y se ayude a sí misma.

Mi amigo Wally "Famous" Amos, el famoso experto en galletas, le dijo en una ocasión a mi audiencia radial: "Si quieres que Dios te ponga sus bendiciones en tus manos sin que te cueste ningún esfuerzo, ¡será mejor que pongas las manos donde Dios esté tirando cosas!" El gran Benjamín Franklin escribió: "Dios les ayuda a aquellos que se ayudan a sí mismos". Y aunque mucha gente piensa que este es un versículo bíblico, no lo es, pero de todas maneras encierra una verdad fundamental. Te ánimo a orar y a tener fe, ¡a utilizar tu fe para actuar basado en ella! La Biblia dice: "La fe sin obras es una fe muerta". Para convertir tus crisis financieras en oportunidades de éxito debes orar —¡y después actuar!

A lo largo de los años he estado animando a mis amigos y a mis clientes a entender las tres a F del éxito (por sus letras en inglés), que son: fe (*faith*), enfoque (*focus*) y seguimiento (*follow-through*). Tienes que tener fe en que vas a vivir tus sueños y cumplir grandes metas. La fe es la certeza de lo que esperamos y la evidencia de lo que no vemos. En otras palabras: tener fe implica certeza en que obtendremos lo que esperamos y creer que nuestros pensamientos y sueños pueden convertirse en realidad. Es caminar hacia adelante con la confianza de obtener resultados positivos —la fe es esperar que al actuar obtendremos buenas cosas y ver en nuestra mente lo que no es real como si ya lo fuera.

En una oportunidad mi amigo Dale Smith Thomas le dijo a mi radio audiencia que la fe (*F.A.I.T.H.*) es lo opuesto al temor *(F.E.A.R. —Fear is False Evidence Appearing Real)* porque el temor es una *falsa evidencia que parece realidad*. En cambio la fe (*F.A.I.T.H. —Finding Answers In The Heart!*) ¡es hallar respuestas en el corazón! Dios nos pide que tengamos fe, y si tenemos una fe sincera que sea tan grande como un granito de mostaza, ¡moveremos montañas! Si vas a hacer cosas maravillosas con tu vida y a obtener un éxito inigualable, ¡necesitarás tener fe!

Luego, necesitas enfocarte (*Focus*). El éxito no es cuestión de hacer aquí y allá, ¡sino de permanecer enfocado en tus metas! Debes enfocarte en tus sueños y en tus planes sin dejarte distraer por todo el ruido y la estática que están tratando constantemente de alejarte de tu objetivo. Por eso he estado diciéndote una y otra vez sobre la importancia de tus metas y de que saques tiempo para pensar en ellas, para escribirlas y después leerlas con regularidad. Mucha gente, desde el momento en que se levanta hasta cuándo se va a dormir, está siendo bombardeada por una ráfaga constante de propagandas y mensajes que podrían distraerla y alejarla de sus planes. Es como el ruido de una sirena que los desconcentra y los saca de curso. A veces es necesario que te detengas y no le prestes atención al mundo que te rodea, que decidas enfocarte por un momento en tus sueños y planes y en todo lo que implica llegar a lograrlos.

Después, necesitas hacer seguimiento (*Follow-through*), que es el paso que consiste en estar pendiente del proceso de desarrollo de tu negocio. Tú también pasas por ese proceso porque es parte del ciclo de la vida: existe un comienzo, un intermedio y un final en todas las acciones. Hace años, cuando comencé a jugar tenis, comprendí que primero que todo debes iniciar por aprender ciertos movimientos; luego es necesario aprender a lanzar bolas y a contestarlas; después necesitas hacerles seguimiento. Si yo no completaba alguno de esos primeros dos pasos, sabía que no lograría cruzar la bola al otro lado de la malla; y cuando no terminaba la jugada habiéndole hecho seguimiento, el golpe era débil e inefectivo. Luego, años más tarde, quise aprender a jugar golf y el instructor me dijo lo siguiente: "Comience ubicando la bola, luego haga un swing con el palo y golpéela; después, hágale seguimiento". Un día, durante un torneo, se me olvidó hacer el seguimiento y todos mis tiros me salían errados. Un amigo se detuvo a mirar mi swing y me dijo: "Willie, ¡no estás haciéndoles el seguimiento a tus tiros!" Entonces paré y me quedé pensando en el asunto y comprendí que él estaba en lo cierto y desde ese momento volví a intentarlo haciéndole un seguimiento completo a mis jugadas y el resultado fue dramáticamente diferente. Volví a retomar el juego porque estuve dispuesto a prestarle atención a lo que estaba haciendo.

He observado que lo mismo aplica en cuanto al proceso necesario para triunfar. Debes organizarte y prepararte para tomar las acciones necesarias que te mantendrán en movimiento hacia la dirección correcta para lograr tus metas. Luego, necesitas hacerle seguimiento al proceso y terminar lo que comenzaste. Hazle seguimiento a aquello que dijiste que necesitaba de seguimiento porque recuerda que debes cumplir tu palabra, y si dijiste que vas a hacer algo, ¡entonces hazlo! Debes hacerles seguimiento a tus llamadas y correos electrónicos, a toda clase de relaciones que tengan que ver con tu negocio. La gente más adinerada que conozco siempre encuentra la manera de hacerle seguimiento y comunicarse con la gente con la que quiere hacer negocios. Debes hacerle seguimiento a todo aquello que hayas escrito en tus listas de cosas por hacer y a los pasos para triunfar que estás dando.

Después de haber seguido estos tres pasos (FFF), quiero que les agregues los pasos relacionados con las tres P de la prosperidad, que son: ¡Orar (*Pray*), planear (*Plan*) y persistir (*Persue*)!

Primero, debes ser lo suficientemente humilde como para sacar el tiempo para orar puesto que la oración tiene poder para cambiar el estado de las cosas. La oración produce esperanza. Tú necesitas tener la esperanza de que triunfarás, sobre todo en tiempos difíciles. La Biblia dice: "Sabemos que la prueba produce paciencia, y la paciencia, carácter; y el carácter, ¡esperanza!" Debes tener esperanza ¡y la oración te la dará! No seas tan orgulloso como para no orar porque la oración te empoderará y fortalecerá a lo largo de la jornada. Bruce Wilkinson escribió hace unos años un libro llamado *La oración de Jabes*. En él cuenta la historia de un hombre llamado Jabes, quien oró a Dios para que le ayudara a ensanchar su territorio ¡y Dios le concedió su petición! ¿Por qué? Porque Jabes estaba dispuesto a confiar en Dios ¡y oró a Él pidiéndole prosperidad! Ora a Dios pidiéndole lo que quieres, pídele que te bendiga y recuerda que es Él quien te da el poder para hacer riquezas, sin embargo, es cuestión tuya ser buen administrador de lo que Él te da y debes utilizar esas bendiciones para el propósito de Dios, que no es otro que establece su pacto y ayudar a los demás. Primero, ¡ora! Recuerda que la oración te da esperanza y fortaleza para seguir adelante a pesar de los retos.

El poder de la esperanza y la oración

Todo se reduce a orar. La oración es importante en el proceso de recuperarte de tus fracasos económicos porque para orar se requiere de fe y la fe nos da esperanza y la esperanza nos produce optimismo y voluntad para continuar en marcha incluso en momentos de crisis. La esperanza es el combustible que necesitas durante la jornada, el elemento que te sostendrá cuando todo lo demás falle. Necesitas tener esperanza y grandes expectativas para maximizar tus posibilidades porque la esperanza y las expectativas son herramientas poderosas para sobrevivir en medio de las dificultades.

El fallecido gran conferencista John Alston me contó una historia relacionada con la importancia de tener esperanza. Me dijo que en una ocasión unos científicos pusieron cuatro sapos en un tanque de agua y los mantuvieron allí sumergidos hasta que prácticamente no les quedaba aire. Solo hasta verlos casi ahogados los sacaron de allí. Al día siguiente volvieron a poner a los mismos cuatro sapos en el estanque de agua, pero esta vez pusieron otros cuatro sapos en otro tanque de agua manteniendo a todos los sapos en cada uno de los tanques hasta que ya no les quedaba casi aire, solo que le agregaron 15 segundos adicionales a la estadía de todos los sapos en el tanque. Los sapos que no habían pasado el día anterior por esa experiencia se rindieron y murieron; pero los cuatro sapos que habían estado allí el día anterior soportaron la prueba y sobrevivieron. Podría decirse hipotéticamente que ellos tuvieron fe y esperanza y creyeron que resistirían la prueba porque ya habían estado allí antes y salieron ilesos. La lección de esta historia es que la esperanza tendrá un efecto enorme en tus resultados finales.

Luego, ¡debes planear! ¡Planea tu trabajo y trabaja con tu plan! Si quieres amasar una fortuna, es esencial que tengas un plan. Puede ser un plan flexible, pero necesitas tener un plan de negocios y un plan de acción. Ningún edificio imponente ha sido construido sin un plano así como ningún ejército ha ganado una batalla sin tener un plan. A lo mejor tengas que hacer ajustes y cambios a lo largo del camino, pero por lo menos sabrás hacia dónde te diriges. Junto con un plan, también necesitas fijar tu posición y estar listo para cuando tu economía mejore. Wayne Gretsky dijo que la clave para tener un éxito significativo es posicionarse. Afirmó: "Un buen jugador de hockey se posiciona donde está el disco. ¡Un gran jugador de hockey se dirige hacia donde el disco va a estar!" La gente exitosa se ubica donde va a haber dinero, no donde el dinero se encuentra en este momento. ¡Prepárate para tu éxito financiero!

Finalmente debes persistir hasta alcanzar tu éxito, ¡insiste todo lo que puedas! La mayoría de la gente está esperando que el barco les llegue a sus puertos mientras los sabios están nadando para dirigirse hacia el barco. Diré esto una y otra y otra y otra vez: primero debes orar y luego debes dedicarte a trabajar. Cuando te esfuerces e insistas en conseguir tus propósitos, estoy seguro de que muchas cosas comenzarán a pasar en tu vida, incluso las que no hubieras imaginado jamás. Si quieres conseguir una fortuna, tienes que comprometerte a orar para luego planear y ponerte en marcha y persistir hasta el final.

¿Eres tú de los que se sobreponen a los tiempos difíciles?

Durante mi último año de secundaria tuve una experiencia que cambió mi vida y me dio una nueva perspectiva. Había estado esforzándome muy poco en mis estudios y obteniendo unos resultados demasiado básicos. Un día, mientras me encontraba en el salón de clases, nos anunciaron: "Tenemos un conferencista motivacional que estará haciendo su presentación en las horas de la mañana y todos los estudiantes deben asistir".

Entonces le dije a mi profesora: "Yo no necesito escuchar a un conferencista motivacional y me quiero quedar aquí en el salón para hacer unos trabajos en los que estoy atrasado y necesito entregarlos".

Ella me respondió: "Joven, ¡lo que en realidad necesita es un poco de motivación!"

Yo no quería ir a esa conferencia, pero tuve que hacerlo porque era obligatorio. Me fui al auditorio y me senté en la última fila; me subí la capucha de mi saco para taparme los oídos porque decidí que no quería ni iba a escuchar nada. Sin embargo, algo de lo que el conferencista dijo comenzó a llamar mi atención. Él dijo: "Alguien en este lugar tiene dentro de sí algo muy especial. Alguien de los presentes va a hacer grandes cosas con su vida. No sé de quién se trata, ¡pero estoy seguro de que es alguno de ustedes!"

En ese momento algo se despertó dentro de mí y escuché una voz diciendo: "¡Soy yo! ¡Esa persona de la cual él habla soy yo!"

Cuando el conferencista terminó, bajó del escenario y empezó a salir del auditorio por la fila central. Entonces yo decidí acercarme hacia él para decirle: "¡Disculpe, señor!" El hombre se detuvo, me miró a los ojos y yo quise decirle que yo era esa persona de la cual él estaba hablando, pero no lograba decirle nada. Lo intenté y lo intenté, ¡pero las palabras no me fluían! Finalmente él movió su cabeza como desistiendo de escucharme y me deseó que tuviera buen día. A medida que él se alejaba yo me sentía frustrado y enojado por no haberle podido decir lo que quería, pero al mismo tiempo me sentía emocionado porque algo dentro de mí había cambiado.

Los años pasaron y un día estaba haciendo la conexión de un vuelo en el aeropuerto de Denver cuando de pronto ¡vi al hombre! No había vuelto a verlo desde aquel día en la escuela. Mis rodillas comenzaron a temblar, pero esta vez logré controlarme y caminé hacia él y le dije: "Discúlpeme, señor. Me apena molestarlo. Mi nombre es Willie Jolley y quiero hacerle una pregunta".

Él me dijo: "¿Es usted Willie Jolley, el escritor y conferencista? Lo he visto en televisión y he leído sus libros. ¡Disfruto su trabajo!"

Yo le contesté: "Gracias, señor, pero esa no es la razón por la cual vine a hablarle. Yo necesito hacerle una pregunta: ¿Estuvo usted en Roosevelt Senior High en Washington D.C. a mediados de la década de 1970 dictándoles una conferencia a los estudiantes?"

Su respuesta fue: "Sí, yo estuve allí".

Luego le pregunté: "¿Y usted recuerda haberles dicho que alguien en el recinto haría algo muy especial con su vida?"

De nuevo el respondió: "Sí, lo recuerdo".

Entonces le dije: "Señor, yo no pude decírselo ese día, pero sí puedo decírselo ahora… ¡era yo! ¡Era de mí de quien usted estaba hablando!"

A medida que viajo por todo el mundo he observado que muchas veces, cuando estoy hablándoles a estudiantes, tengo la sensación de que alguien en el auditorio tiene algo especial. Alguien allí tiene una razón para estar ahí en ese momento y es alguien que va a hacer grandes cosas con su vida. Yo no sé quién sea, pero estoy seguro de que ese alguien se encuentra allí escuchándome.

Hoy decidí escribir esto porque tengo la sensación de que alguien que está leyendo este libro tiene algo muy especial dentro de sí. ¡Algo maravilloso! Alguien que va a hacer algo extraordinario con su vida. Yo no sé quién será esa persona, ¡pero sé que es alguno de mis lectores! ¿Eres tú?

Es por tu fe
Por Willie Jolley y Brian Taylor

¡La fe sin obras es una fe muerta!

No solo debes tener fe, ¡sino que debes usarla! No solo debes pensar en ella como sustantivo, sino también como verbo, ¡algo con lo que puedes actuar! Cuando actúas basado en tu fe, puedes ver que las palabras son reales y que la Escrituras sí te dan nuevas energías y deseos de vivir. La fe no es algo que debes leer, sino con lo que debes vivir… día a día. Yo quiero que sigas adelante con un sueño que has estado pensando realizar, pero te ha dado miedo hacerlo. ¡Confía en Dios y da el siguiente paso ahora! ¡Háblales a esas montañas que hay en tu vida y diles que se quiten de tu camino! ¡Háblales con confianza y seguridad! ¡Háblales con fe! ¡De la manera en que vives y en la medida que das, en esa misma medida recibes! ¡Sigue adelante ahora mismo!

Es por tu fe (Parte II)

Parte hablada:

Ahora, mientras leo la Biblia
más y más encuentro promesas poderosas
que son para nosotros, si tan solo tenemos fe.
Mientras más leo, más veo
que en la medida en que crees, así mismo recibes.

Entonces aprendo un poco más.
Dice que todo es posible
si tú lo crees.

Luego dice que si un hombre cree en su corazón
así será. Y luego leo un poco más
y dice que no lo logras, porque no crees que lograrás.

¡Vaya! Y luego aprendí
que podemos tener una fe que mueve montañas
y cambie las circunstancias.
Que transforme nuestras vidas, solo por la fe que tenemos.

La Biblia dice que si tienes fe como un granito de mostaza,
le dirás a la montaña que se mueva de ahí y se pase para allá
y la montaña se moverá, y nada será imposible para ti.

Entonces dije: "Algo está pasando aquí".
Y dice que cualquiera (y yo pensé que era yo)
y dice que cualquiera que le diga la montaña que se mueva
y que se eche a la mar y lo crea en su corazón
y crea que lo que dice, eso ocurrirá,
eso será lo que conseguirá.

Oh, si tienes fe como un grano de mostaza,
y le dices al árbol de mora que se arranque de sus raíces
y se plante en el mar, el árbol te obedecerá.

Entonces pensé que había aprendido algo
y me pregunté qué más podría aprender
y decía pide y recibirás
busca y hallarás
golpea y la puerta se te abrirá
porque todo aquel que pida, recibirá;
y todo el que busca, encuentra
y todo el que golpea la puerta, le será abierta.
Mucha gente no recibe
porque no pide, no busca o no golpea
¡y después pregunta por qué no!

Debes tener fe. Es tan simple como eso.
Amigos, tienen que tener fe
necesitan caminar por fe
hablar por fe, vivir por fe, moverse por fe
Oh, actuar basados en su fe.

Necesitan ir allá afuera y entender que pueden mover montañas
y alcanzar grandes cosas.
Y si están dispuestos a moverse basados en su fe,
¡Mantengan su fe! ¡Mantengan siempre su fe!

CONCLUSIÓN

Los fracasos, las recesiones y los retos serán siempre una parte intrínseca de la vida —no tal vez, no quizá, sino que definitivamente tendremos que afrontar situaciones de derrota. Sin embargo, es importante recordar que estas circunstancias no son una cuestión personal, ni permanente. ¡Todo esto también pasará! Todo mundo recibe las consecuencias de una recesión o de un revés económico de toda una comunidad; todo mundo sufre por igual. Entonces todos, en algún punto u otro de la vida, experimentamos situaciones personales y financieras difíciles mediante las cuales sufrimos nuestra propia recesión o crisis. Sin embargo, cada fracaso trae consigo una bendición, y si somos sabios, es a través de estos retos que podemos crecer, aumentar nuestros bienes y triunfar. Las recesiones y depresiones económicas siempre conllevan al progreso. La Historia ha demostrado que de cada revés económico siempre salimos fortalecidos como país y que nuestra economía se expande. Después de las crisis vemos un incremento en el estándar de vida en general y más gente encuentra diversas maneras para construir una fortuna y llegar a ser millonaria. La clave es que, cuando estés en el fondo, no pierdas la fe, sino que te mantengas con una mentalidad positiva. Si estás dispuesto a buscar posibilidades y a conservar el optimismo incluso en medio de situaciones extremas, te darás cuenta de que es posible transformar la situación ¡siendo tú el victorioso y no la víctima! Es en esos momentos retadores cuando caminaremos con fe hacia nuestras metas y sueños o nos dejaremos vencer por nuestros temores. ¡La elección es tuya!

Así que cerraré este libro con el siguiente pensamiento: sea lo que sea que decidas hacer, sigue tus sueños. ¡Este no es el momento para renunciar a ellos ni para tirar la toalla! ¡Tampoco lo es para renunciar! Los tiempos difíciles no duran, ¡pero la gente valiente, sí! Y no debes solamente sobreponerte a las malas rachas, ¡sino crecer y fortalecerte con ellas!

Estamos en una época en la que es cuestión nuestra sacarle provecho al momento y beneficiarnos de las oportunidades que estén a nuestro alrededor. Pero recuerda que donde hay oportunidades también hay retos, y yo oro para que seas capaz, no solo de enfrentarlos, sino también de conquistarlos y avanzar hacia otros niveles de éxito mayores. ¡Deseo que crezcas y logres este año todo lo que dijiste que deseabas lograr!

Así que te imploro que pienses en grande y hagas el compromiso de enfocarte en lo positivo y no en todo lo negativo que veas a tu alrededor. Creo que la mejor manera de predecir tu futuro es planeándolo ¡y por eso estoy convencido de que este será para ti un gran año! Por lo tanto, levántate, ponte en marcha, sigue avanzando y consigue vivir a un mejor nivel. Oro para que trabajes duro y sabiamente, confiando en Dios. Y finalmente, oro para que prosperes y conserves buena salud, ¡y para que tu alma también prospere!

¡Recuerda que tienes todo para ser el mejor! ¡Vive tus sueños… y piensa que lo mejor de tu vida todavía está por llegar! ¡Dios te bendiga!

CAPÍTULO ADICIONAL

Como este libro ya había sido publicado anteriormente era obvio que incluyera algunas revisiones que quería compartir con los lectores. El siguiente es el resultado de muchas bendiciones que he recibido al conocer a lo largo de los años gente formidable que me ha enseñado valiosas lecciones que creo que también te bendecirán a ti.

Me siento muy agradecido frente a la posibilidad que he tenido de invitar a mi programa radial *Wealthy Way Radio Show* a personas bastante reconocidas a nivel mundial. Tambien le agradezco a toda la gente alrededor del mundo que ha hecho de mi programa una parte de su rutina semanal y comparte la información que recibe a través de él con sus amigos y familiares.

Muchas veces me he sentido inspirado y animado por las frecuentes notas que recibo de oyentes que me cuentan cómo mis entrevistas les han cambiado la vida. Algunos me dicen que hasta decidieron comenzar un negocio y que han logrado amasar una fortuna; otros me escriben para contarme que gracias a esas entrevistas se han sentido muy fortalecidos y no se han dejado vencer de los obstáculos que les impedían conseguir sus propósitos y triunfar.

Decidí escoger de entre todas las historias que he recibido a lo largo de los años algunas que dejan lecciones inolvidables sobre cómo reponerse de los fracasos y crear con ellas este capítulo adicional procurando con esto que las disfrutes. Después de juntar toda esta información se la mostré a mis editores y ellos opinaron que este era el comienzo de un nuevo libro de historias. Por lo tanto, prepárate para un nuevo libro producto de las entrevistas que he hecho durante todo este tiempo. Esta es la primera edición y está enfocada en gente que ha fracasado y convertido sus fracasos en éxitos indiscutibles. Son ejemplos de la vida real, de cómo hacer posible que gente común y corriente como nosotros convierta sus derrotas financieras en oportunidades para triunfar —y en determinado momento, también en dinero contante y sonante.

Adicionalmente, he creado un programa llamado "*Walk With Wealth: The Interviews of The Willie Jolley Wealthy Ways Show*". Es evidente que terminamos pareciéndonos a la gente con la que pasamos la mayor parte de nuestro tiempo. Por esa razón, si quieres ser un triunfador y hacer grandes cosas, necesitas pasar tiempo con triunfadores y aprender de ellos. Desafortunadamente, la mayoría de la gente no tiene acceso a triunfadores de la vida real… pero, con estas entrevistas, ¡tú ya tienes amigos triunfadores!

Introducción

En esta edición he seleccionado lecciones de vida de 10 triunfadores que verdaderamente han demostrado que es posible convertir los fracasos financieros en asombrosas posibilidades de éxito y luego en dinero contante y sonante. Se trata de personas que no son distintas a ti ni a mí, así que, por favor, recuerda que "si ellas pudieron lograrlo, ¡entonces tú también!"

Visita **www.williejolleyradio.com** para tener acceso a escuchar estas entrevistas.

Capítulo Uno: Wally Amos, el famoso hombre de las galletas

Conocí a Wally Amos en 1995 en una ocasión en que los dos fuimos conferencistas del mismo evento. Me sentí muy emocionado de conocer al famoso hombre de las galletas. Había leído sus libros y lo había visto en televisión, pero esta era la primera vez que tenía la oportunidad de escucharlo hablar en persona y presenciar el increíble despliegue de su energía positiva en vivo y en directo. ¡Y no me desilusionó!

Después del evento nos sentamos a conversar y a compartir ideas. Fue una conexión inmediata y a lo largo de estos años hemos seguido siendo amigos. De hecho, cuando él celebró su cumpleaños #75 decidió venir a Washington D.C. a celebrarlo en nuestra casa ¡y le preparamos una gran fiesta de cumpleaños!

Wally se hizo famoso al dar a conocer su marca de deliciosas galletas Chocolate Chip Cookies —las famosas galletas de Amos. Aunque, debido a malas decisiones de negocios, perdió su compañía y el uso de su reconocido nombre "Wally Famous Amos". Podía seguir adelante utilizando Wally Amos, pero debido a unos papeles que firmó ya no podía utilizar "Wally Famous Amos" como su marca porque la nueva compañía era dueña de su receta, de su sello ¡y de su nombre! Sin embargo, él se rehusó a darse por vencido y continuó trabajando en nuevos proyectos e ideas. Se fue a vivir a Hawái y se dedicó a trabajar de lleno en su nueva gran idea. Comenzó a hablar más con la gente y a contar su historia, pero jamás dejó que su fracaso lo convirtiera en un amargado ni en un pesimista. Siguió adelante compartiendo su energía positiva y saludando a toda la gente que encontraba a su paso con una gran sonrisa y con un efusivo "Aloha". Le contaba a todo el mundo que Dios le había dado la idea de Famous Amos y que volvería a darle otra gran idea. Fue así como decidió lanzar una nueva marca de galletas que se ha dado a conocer por todo el país y se llama The Cookie Kahuna Cookie Company. De esa manera ha continuado haciendo galletas llenas de amor y sabor, tal como lo hizo con su receta original de galletas con chispitas de chocolate. Adicionalmente, hoy Wally es un personaje reconocido en televisión, empresario y autor, y sigue sorprendiendo con su incomparable actitud y espectacular energía. He escrito sobre él en todos mis libros porque es una verdadera fuente de inspiración para mí ¡y sé que su mensaje también será una gran inspiración para ti!

Las siguientes son algunas de sus lecciones:

1. El éxito en la vida es el resultado de una serie de pruebas y tú debes tomar el examen; y una vez lo hayas pasado, prosigue al siguiente nivel. Y cuando llegues al siguiente nivel, habrá otras pruebas esperándote. Recuerda, si te mantienes con fe, estarás bien preparado para presentar todas las pruebas que encuentres a tu camino.

2. ¡Todas las grandes cosas comienzan con una gran idea! Por lo tanto, existe un inmenso poder en tus ideas. Escríbelas. Después, conviértelas en realidad.

3. Dios no es Dios de una sola idea. Si tu primera idea no tiene éxito, no te rindas. Dios tiene muchas más ideas que darte. La fe fuerte y entusiasta mueve montañas, así que no abandones tus sueños ni te rindas jamás.

4. Si tienes éxito una vez, tendrás la esperanza y la certeza de volverlo a tener porque ya sabes cómo lograrlo.

5. Siempre estás rodeado de oportunidades. Sin embargo, debes estar alerta para reconocerlas y aprovecharlas.

6. La satisfacción en la vida es cuestión de hacer más, de ser más y de alcanzar más —¡sin importar tu edad!

7. Una actitud positiva que dice "Sí, yo puedo" es una parte indispensable en la ecuación del éxito.

8. "Sí, yo puedo" te lleva a "Sí, lo haré" y también te llevará a lograr grandes propósitos. Mucha gente puede, pero solo unos pocos tienen la voluntad para lograrlo. Sé tú de los que se atreven a soñar y también a triunfar.

9. La persistencia y la perseverancia son las llaves del éxito. Triunfarás si no te das por vencido... así que, en cualquier cosa que hagas, ¡no te des por vencido!

10. ¡Decide ser imparable! Si paras, pierdes. Pero si sigues andando, ¡todo lo que te propongas será posible!

11. El éxito total proviene de servirles a los demás. Eres mejor como resultado de un mejor servicio. ¡Una actitud de servicio produce milagros!

12. Conviértete en una persona de calidad que siempre entrega lo mejor de sí en su trabajo. El gran secreto es que no hay ningún secreto para triunfar. Todo lo que necesitas es trabajar duro, tener fe, permanecer positivo ¡y servirles a los demás!

Capítulo Dos: Les Brown, el motivador

Leslie Calvin Brown nació en un edificio abandonado en el área más pesada de Miami, Florida, junto con su hermano gemelo, Wesley. De niños, una amorosa mujer llamada Mamie Brown los adoptó. No tenía mucho dinero, pero sí mucho amor para darles. Les creció en medio de la pobreza y fue un pésimo estudiante. Repitió dos grados escolares y alcanzó a ser categorizado como retrasado mental. A lo largo de sus años escolares, Les recibió la burla de sus compañeros de escuela quienes le pusieron el sobrenombre de DT (The Dumb Twin — "El gemelo tonto").

Durante este tiempo Les desarrolló baja estima y comenzó a pensar que el único trabajo que tendría después de que terminara la secundaria sería como recolector de basura. Sin embargo, un día, mientras visitaba la clase de uno de sus amigos, el profesor le hizo una pregunta de matemáticas muy simple. Les le respondió que no sabía la respuesta porque él era "el gemelo tonto". El profesor salió de su escritorio y le dijo: "¡Jamás vuelvas a decir eso! ¡La opinión de los demás acerca de ti no tiene por qué convertirse en tu realidad!" El profesor le dio ánimo y lo invitó a que ignorara los comentarios negativos y comenzara a creer en sí mismo.

Les continuó mejorando su autoestima y comenzó a buscar nuevas posibilidades. Uno de sus sueños era ser un DJ de la radio porque le encantaba la manera en que ellos trabajan haciendo mezclas de música y frases. Después de los mensajes positivos de su profesor Les decidió ir tras sus sueños y se fue a una estación de radio local a tratar de conseguir un empleo, pero fue rechazado por no tener experiencia. Sin embargo, él no se desanimó y seguía regresando a la emisora. Día tras día regresaba y lo volvían a rechazar, pero él se negó a renunciar a sus sueños. Les persistió hasta que en determinado momento lo contrataron como mensajero para los viernes, haciendo mandados, barriendo y desempeñando oficios varios, y mientras tanto, él seguía preparando su mente para una oportunidad como DJ y así poder animar a la radio audiencia y darse a conocer en el medio.

Una noche, ya muy tarde, el DJ de turno se apareció embriagado a su trabajo. Estaba demasiado borracho para trabajar. Les era la única persona en todo el edificio. El manager de la emisora lo llamó y le preguntó si se sentía capaz de encargarse de la música y reemplazar temporalmente al embriagado DJ. Les movió de su silla al borrachín y se puso a trabajar. Su preparación mental le permitió no solo hacer un buen trabajo, ¡sino un trabajo excelente! Estuvo al aire toda la noche ¡y una nueva estrella de la radio nació en aquel momento! Se convirtió en uno de los DJs más populares de la ciudad de Miami, y más adelante, de Columbus, Ohio. Después de muchos años de éxito al aire Les ganó una curul como asambleísta del Estado de Ohio. Les comenzó a pronunciar discursos en distintos lugares hasta que llegó a convertirse en el conferencista motivacional #1 de Ohio y unos años más tarde ¡era el conferencista motivacional #1 de América! Hoy es considerado como uno de los mejores conferencistas motivacionales ¡del mundo!

Toastmasters International ha nombrado a Les Brown "El conferencista motivacional del año ¡y uno de los cinco mejores del mundo! Fue invitado a pertenecer a The National Speakers Association Hall of Fame y ha recibido el prestigioso ¡Golden Gavel Award! En la actualidad es un escritor *bestseller* y una estrella de radio y televisión. Aunque nunca realizó estudios universitarios ha sido invitado a conferencias en Harvard, Oxford y en muchas otras prestigiosas universidades alrededor del mundo. Con frecuencia dice que no tiene ningún grado universitario pero sí tiene una MBA — haciendo referencia a "A Massive Bank Account!" (¡Una jugosa cuenta bancaria!). Les es considerado un genio en el campo del discurso y como resultado de su excelencia en el área de la comunicación se ha convertido en uno de los conferencistas más exitosos de todos los tiempos. Pasó de ser un perdedor en la escuela, y de pensar que solo era apto para trabajar recogiendo basura, a convertirse en un entrenador exitoso a nivel mundial, y en un icono de los negocios.

Las siguientes son algunas de las lecciones de vida dadas por Les Brown, el motivador:

1. Las opiniones de los demás acerca de ti no tienen por qué convertirse en tu realidad. ¡Tú eres quien eliges, no ellos!

2. Prepara tu mente para atraer dinero —en otras palabras: desarrolla tu mente y estarás desarrollando la mentalidad para atraer dinero hacia ti.

3. GDC —¡Pasa tiempo con gente de calidad! ¡Recuerda que terminarás pareciéndote a la gente con la que pasas la mayor parte de tu tiempo!

4. Ejercita tus habilidades comunicativas para que cuando abras tu boca ¡el mundo se entere de quién eres tú!

5. Piensa en grande. Conforme a lo que pienses, ¡serán tus resultados!

6. Invierte en ti. Existe una correlación directa entre los libros y los programas que lees o escuchas ¡y la cantidad de dinero que ganas!

7. Ejercita todas tus habilidades. ¡Debes ser excelente o te volverás prescindible! Ten presente que te pagan por el valor que le aportas al mercado. Recuerda esto: "Las abejas no son útiles por su miel, ¡sino por el dinero que esta produce!".

8. Genera vida, no muerte. ¡Bendiciones, no maldiciones! ¡Tus palabras se convierten en tu realidad! Asegúrate de que tus conversaciones sean positivas, productivas, llenas de propósitos y rentables.

9. Desarrolla relaciones colaborativas y alianzas estratégicas que te ayuden a alcanzar tus metas al mismo tiempo que tú les ayudas a otros a alcanzar las de ellos.

10. Al ayudar a otros, te ayudas a ti mismo. Recuerda que lo que das es lo que recibes.

11. No te conformes con un desempeño promedio, ni regular, ni bueno. Para triunfar lo que necesitas es ser excelente en todo. Comprométete a sobresalir de entre la multitud por tu grandeza y serás altamente recompensado.

12. Empéñate en descubrir tu propósito porque, cuando lo hayas encontrado, no solo tendrás un grato estándar de vida, sino que marcarás una diferencia positiva en este mundo y amarás cada segundo en que hagas lo que tanto te agrada hacer.

Capítulo Tres: Dave Yoho, la eterna maravilla

Dave Yoho nació durante La Gran Depresión de 1930 y experimentó dificultades extremas creciendo durante aquella época de la Historia Americana. Sus padres tenían inconvenientes para llevar la comida a la casa y jamás lograron el Sueño Americano de tener su vivienda propia. Cuando era un joven, Dave recurrió a practicar peleas cobrando por ellas y a hacer labores físicas con tal de sobrevivir. Sin embargo, jamás dejó que las circunstancias determinaran su futuro, y para lograrlo, tomó la decisión de desarrollar su mente y utilizar sus habilidades como negociante.

Hoy, Dave Yoho es un icono en las industrias de la motivación y la consultoría. Pronunció su primer discurso a la edad de 23 años y durante los últimos 63 años ha pronunciado más de 5.000 discursos pagos. Hoy tiene más de 85 años de juventud y todavía trabaja diariamente con el vigor y la vitalidad de una persona con la mitad de su edad. Incluso ahora Dave continúa teniendo una gran demanda como conferencista y consultor. ¡Y ha hecho millones de dólares haciendo lo que más le gusta hacer!

Dave Yoho, la eterna maravilla, nos dio las siguientes pautas:

1. La edad es un número y tú puedes escoger como lucirás durante ese número. Actuar como actúa la mayoría de la gente a esa edad o también actuar como alguien mucho más joven. De ninguna de las dos maneras estarás equivocado. ¡Esa es tu decisión!

2. En el libro *A tale of Two Cities*, la primera línea dice: "Este es el mejor de los tiempos, ¡y también el peor!" Eso es cierto. Tú eres quien decides si es el mejor o el peor tiempo de tu vida. Tu pensamiento y tu actitud son los que marcan la diferencia.

3. Vivimos en un mundo enfocado en las malas noticias. Sin embargo, la buena noticia es que la mayoría de las malas noticias se basan en perspectivas y no en verdades. Si tú piensas que la situación está mala, lo estará. Pero, si piensas que es maravillosa, también lo será. La vida se basa en perspectivas y elecciones.

4. Los grandes triunfadores son aquellos que piensan en el modo "Alfa", que consiste en la mentalidad de que "este es solo el comienzo", sin que la edad importe.

5. Aprender es fundamental para obtener éxito a largo plazo. En tiempos de grandes cambios, aquellos que aprenden son capaces de ingeniárselas y controlar el futuro.

6. Si quieres permanecer joven, debes permanecer activo. Tu Sistema Nervioso Central se vitaliza por medio de la actividad. ¡Mantente trabajando, permanece activo y te mantendrás vivo!

7. Si sabes lo que tienes que hacer para ser exitoso y no lo haces, es como si no lo supieras. Entonces ¡haz lo que sabes hacer!

8. ¡La Fórmula EPOD del éxito funciona! Energía, Persuasión, Optimismo, Disciplina. De todas estas, el optimismo y la disciplina son las más importantes.

9. Pregúntate a diario: "¿Qué he aprendido?" Luego pregúntate: "¿Qué haré con lo que aprendí hoy?" Tus respuestas te ayudarán a optimizar lo que sabes y a utilizarlo en tu camino hacia el éxito.

10. Tú eres quien tomas la decisión de estar agradecido. Esa es una elección que le da durabilidad a tu éxito.

Capítulo Cuatro: Duke Greene, el imán del dinero

Duke Greene nació y creció en la zona rural del Sur americano y aprendió la forma de hacer dinero de su padre y de sus abuelos empresarios. Sus abuelos le enseñaron que siempre debería sentirse animado frente a la posibilidad de hacer dinero y de hacerlo crecer y trabajar para él. Duke llevó esas palabras a su corazón y se dedicó a trabajar desde muy niño con el propósito de hacer dinero. Se lo ganaba cortando vidrio, ayudando a su padre a limpiar el almacén y asistiendo a su abuela en la hechura de edredones que ella vendía para obtener una ganancia. Luego les prestaba dinero a sus amigos y ganaba algo de intereses cuando ellos se lo devolvían. Duke aprendió que se puede ganar dinero siendo creativo.

Cuando se fue a la universidad, Duke continuó ganando dinero cortando el pelo en su dormitorio y manejando un camión recolector de basura después de su jornada escolar. También allí prestaba algo de dinero y ganaba intereses para invertirlos en pequeños negocios como por ejemplo comprando cosas para comer y vendiéndolas obteniendo una pequeña ganancia. Después de su graduación, Duke comenzó varias empresas hasta llegar poco a poco a convertirse en el primer afroamericano dueño de IT Company, International Business System (IBS). Duke comenzó IBS con $500 dólares y la convirtió en una empresa multimillonaria con más de 600 empleados. Más tarde se extendió a otras áreas de los negocios y ganó contratos multimillonarios por hacer la distribución, entrenamiento y logística necesaria para implementar los servicios de gas y energía.

En la década de 1970 Duke tenía una espléndida oficina en el 10° piso de un edificio de oficinas en Washington D.C. cuya panorámica era la Casa Blanca. También apareció publicado en la portada de revistas de negocios que lo anunciaban como el mejor nuevo ejecutivo de la nación. Su compañía estaba ganando decenas de millones de dólares y Duke estaba viviendo a un gran nivel. Luego, la economía de la nación entró en un período de recesión en la década de 1970. El gas se volvió limitado y la gente se vio forzada a hacer filas para conseguirlo. Además, muchos se habían quedado sin empleo. Ese fue un tiempo difícil en el sector de los negocios en Estados Unidos.

Duke se vio bastante afectado debido a su trabajo de distribución de gas y energía. Fuera de esto, estaba el hecho de que había contratado recientemente a los mejores expertos del país en el sector de la energía. Duke no quería despedirlos a sabiendas de que ellos terminarían trabajando con sus competidores. Entonces decidió disponer de su salario personal como gerente ejecutivo y dárselo a su grupo de empleados para asegurarse de que ellos continuarían recibiendo su salario.

Duke continuó en esa situación durante muchos meses y pagaba sus cuentas personales de sus ahorros. Sin embargo, después de un tiempo se había gastado todo lo que tenía guardado y tuvo que hacer lo que fuera necesario para sostenerse. Todos los días Duke llegaba a su oficina a las 8:00 a.m. y trabajaba como gerente ejecutivo hasta las 6:00 p.m. Luego comía algo y desde las 8:00 p.m. hasta las 3:00 a.m. manejaba un camión recolector de basura. Duke decía que manejando uno de esos camiones pudo pagarse su universidad y que ese mismo trabajo también le ayudaría a atravesar su mala racha en los negocios.

Duke manejó camión durante gran parte de ese año hasta que la economía comenzó a mejorar. Como resultado de su pensamiento creativo y de su habilidad para no dejar que el orgullo se interpusiera en su éxito, Duke logró evitar el despido de sus empleados. Unos años más tarde logró vender su negocio en millones de dólares y dice que la razón por la cual su compañía llegó a tener semejante valor se debió en gran parte a que él pudo conservar a su grupo de empleados durante los tiempos difíciles. Y afirma que, si él no se hubiera decidido manejar ese camión, no hubiera podido sobrevivir a la crisis.

Cuando lo entrevisté, le pregunté: "¿Qué debería hacer la gente cuando tienen que aceptar un segundo trabajo o una posición por debajo de su estándar actual? ¿Qué pasaría si alguien se sintiera avergonzado de conseguir un trabajo en una tienda o tener que manejar un camión de la basura para sobrevivir?" Su respuesta fue clásica de Duke Greene: "¡Debe SOBREPONERSE!" Luego prosiguió explicando que la mayoría de la gente no te miraría con ojos de compasión, sino que pensaría que eres una persona determinada y valiente. Te respetarían aún más ¡y hasta querrían ser como tú! Además, no debes dejar que tu orgullo te impida prosperar.

Estas son algunas de las lecciones que Duke Greene, el imán del dinero, nos enseñó:

1. Ganar cantidades de dinero es un proceso que comienza en tu mente. Piensa en ganar más dinero y haz que sea importante para ti ganártelo.

2. Necesitas disciplinarte y comprometerte a trabajar más duro de lo que los demás piensan que es necesario. Luego se requiere de una rutina repetitiva y de disciplina, especialmente durante tiempos de crisis económica.

3. Debes estar dispuesto a incomodarte porque en algún momento tu esfuerzo te dará los dividendos que te permitan disfrutar y recoger el fruto de tu labor.

4. Comprométete a ser excelente incluso en el trabajo que no te gusta hacer. La gente que busca oro o diamantes no se siente contenta al comienzo de su trabajo, pero está dispuesta a hacerlo con tal de encontrar un verdadero tesoro.

5. Haz el compromiso de fortalecer tanto tu fe como tu mente. Permanece junto a Dios, cerca de gente positiva y lo más alejado posible de la gente negativa y de pensamiento obtuso.

6. Si pasas tu tiempo con tontos, terminarás siendo un tonto. Por el contrario, si te rodeas de gente sabia, terminarás alimentado de sabiduría.

7. Levántate, ocúpate y sigue vendiendo. Debes estar dispuesto a vender tus ideas, tus servicios y productos. De lo contrario, nadie sabrá que existes, ni que tus productos existen. Además, si no sales a mercadear tu negocio, lo más probable es que tengas que cerrarlo.

8. Lee libros empresariales y de negocios, sobre todo los relacionados con la industria en la cual te mueves o quieres estar.

9. Crea un plan, incluso si es un plan muy breve. ¡Un plan corto es mejor que no tener un plan!

10. Lee y relee *Piense y hágase rico.* Te ayudará a sobreponerte a tus dudas y a ver que otros han logrado tener su propia fortuna a pesar de la adversidad, y que tú también puedas lograrlo.

11. Siempre hay oportunidades a tu alrededor, pero tú debes mantener una mente abierta y visionaria para encontrarlas. Recuerda que la visión no tiene nada que ver con la vista, ¡sino con la mente!

12. Es mejor ganar dinero y perderlo que nunca haberlo tenido. ¡Haz que sea importante para ti ganar dinero!

Capítulo Cinco: Nido Qubein, el sabio constructor de fortunas

El Dr. Nido Qubein vino a Estados Unidos siendo un adolescente con poco conocimiento de la cultura americana y sin saber hablar inglés. Llegó con una maleta y $50 dólares en su bolsillo. Su jornada desde entonces ha sido una historia espectacular de éxito. Tanto así que The Biography Channel y CNBC han sacado al aire su historia titulándola *A Life of Success and Significance.*

Nido Qubein nació en Líbano y cuando era niño su padre murió dejando a su madre con cinco hijos. Ella le enseñó al pequeño Nido la importancia del trabajo duro y la educación, y cuando él cumplió los 17 años, ella lo envió a Estados Unidos y le dio un sabio consejo: "Quiero que seas grande. Y para lograrlo debes andar entre los grandes y andar con los grandes y aprender de ellos. Y recuerda siempre ayudar y servir a los demás a lo largo de tu camino".

El joven Nido llegó a América y consiguió un trabajo sencillo para sostenerse y allí se ganó la reputación de ser un trabajador esforzado. Además, entró a estudiar a Olive College, que era una pequeña escuela que él podía pagar con lo poco que ganaba. Después de un par de años logró transferirse a una universidad más grande —High Point University. No tenía suficiente dinero para pagar sus estudios y decidió aplicar para una beca, y debido a la buena reputación que había vuelto a ganarse como gran trabajador en Olive College, un donante anónimo le pagó todos sus estudios.

Nido terminó de estudiar en High Point University con honores y prosiguió a hacer su MBA en University of Carolina en Greensboro. Cuando todavía estaba estudiando, continuó trabajando para ahorrar suficiente dinero para comprarse su primera casa y, una vez consiguió comprarla, siguió esforzándose para comprar otra propiedad en su vecindario y rentársela a otros estudiantes. Así continuó ahorrando para comprar finca raíz en la ciudad y muy pronto tuvo cientos de propiedades. Después de su graduación comenzó su negocio de consultoría y conferencias y tuvo tanto éxito que logró invertir junto con otros y abrir un pequeño banco. Con el tiempo el banco creció y prosperó, y en determinado momento fue vendido a BB&T Bank, gracias al trabajo duro, pensamiento creativo y sabiduría de Nido. Pero BB&T no solo quiso comprarle el banco, sino que también quería que Nido fuera parte del trato y fue contratado como Director de la Junta Directiva del BB&T.

Mientras su negocio y sus ingresos crecían Nido nunca olvidó que su madre le dijo que caminara con los grandes y recordará siempre ayudar y servirles a los demás, así que se unió a toda entidad y a todo grupo de negocios que pudo y aprendió de la gente exitosa que conoció en aquellos grupos. Además, tuvo muy presente cuánto significó para él haber sido bendecido por ese donante anónimo que le pagó sus estudios. Por esta causa comenzó a pagarles los estudios a otros estudiantes que demostraran esfuerzo. Con el paso de los años ha dado millones de dólares apoyando a estudiantes de escasos recursos que quieran prepararse a nivel universitario.

En la actualidad, Nido es Presidente de High Point University, una universidad de 4.300 estudiantes provenientes de 40 países. Como líder en los negocios, es Presidente de Great Harvest Bread Company, la cual cuenta con 220 almacenes en 43 Estados y además sirve en varias juntas de organizaciones a nivel nacional incluyendo BB&T (una compañía de *Fortuna 500* con $185 billones en bienes), The La-Z-Boy Corporation (una de las empresas reconocidas en la industria de muebles a nivel mundial) y Dots Stores (una cadena de boutiques con más de 400 puntos de venta en todo el país). ¡Sus ingresos, solamente como parte de la junta, son mayores de lo que gran parte de la gente gana en sus trabajos! Sin embargo, esa es solo una pequeña parte de sus ingresos personales. Él cree que la gente debería tener diferentes fuentes de ingresos para no depender de una sola entrada.

Además de sus actividades de negocios, Nido ha continuado dictando sus conferencias y como conferencista profesional ha recibido muchas distinciones incluyendo el galardón Toastmasters International Golden Gavel y ser invitado a formar parte de The National Speaker's Association Hall of Fame.

Adicional a lo anterior, Nido ha recibido muchos honores incluyendo The Ellis Island Medal of Honor, al igual que cuatro presidentes de Estados Unidos; también recibió The Horatio Alger Award for Distinguished Americans, junto con Oprah Winfrey; fue nombrado Ciudadano del Año y Filántropo del Año en su ciudad natal High Point, en Carolina del Norte. Es considerado uno de los hombres de negocios más sabio de la actualidad y continúa sorprendiéndonos con su habilidad para aportar soluciones sabias a problemas mayores.

El Dr. Nido Qubein nos compartió estas sabias cápsulas que te ayudarán a aumentar tu fortuna y sabiduría:

1. Para ser todo lo que puedes llegar a ser debes tener fe y fortaleza, o lo que podría llamarse "fortaleza llena de fe".

2. Camina entre los grandes, habla con los grandes y te convertirás en alguien grande.

3. Te parecerás a las personas con quienes más inviertas tu tiempo.

4. El pez Koi puesto en una pecera crece solamente dos pulgadas, pero en un lago llegará a medir un pie. ¡Lo mismo ocurre contigo! Crecerás proporcionalmente al medio en el que te encuentres, así que esfuérzate por estar rodeado de gente y en lugares que te lleven a crecer al máximo.

5. De la adversidad puede surgir abundancia. Solo es cuestión de aprovechar oportunidades.

6. No te amedrentes ante los riesgos porque estos traen consigo oportunidades. Y nadie puede tener éxito si no tiene oportunidades.

7. Da siempre sin recordar que diste y recibe sin olvidar que recibiste.

8. Vive un tercio de tu vida devengando; otro tercio, aprendiendo; y el otro tercio, dando y sirviendo.

9. No te enfoques en el pasado. Enfócate en el futuro porque el pasado es un lugar maravilloso al cual visitar, pero un lugar terrible para vivir.

10. El fracaso suele ser un gran maestro, siempre y cuando estés dispuesto a analizarlo. Gracias al análisis de tus

fracasos aprenderás cómo y por qué fracasaste. Y con ese conocimiento triunfarás cuando vuelvas a intentarlo.

11. Deberías tener a Dios de tu lado, pero lo más importante es que tú estés del lado de Dios.

12. Utiliza la fórmula del riesgo para analizarlo sabiamente. Hazte las siguientes preguntas:

    a. ¿Qué es lo mejor que podría ocurrir si tomo este riesgo?

    b. ¿Qué es lo más probable que ocurra si tomo este riesgo?

    c. ¿Qué es lo peor que podría pasar si tomo este riesgo?

    d. ¿Estoy dispuesto a pasar por lo peor para obtener lo mejor?

Si lo más probable es que te aproximes a tu meta y estés dispuesto a enfrentarte a los peores resultados, entonces, acepta el riesgo. De lo contrario, ¡aléjate!

Capítulo Seis: Dave Stewart, la maravilla financiera llena de fe

Dave Stewart es Presidente y Fundador de African American Owned Business, World Wide Technology. Durante casi una década se ha ganado el título como el generador de ingresos #1 en The Black Enterprise Top 100 Money Earners. Sin embargo, no fue allí donde Dave Stewart comenzó. Él y sus hermanos crecieron en una pequeña ciudad con unos padres trabajadores que devengaban muy poquito dinero ¡pero tenían una enorme fe en Dios! Dave se ganó una beca como basquetbolista y así logró ingresar a la universidad. Allí trabajó tan duro en sus estudios como lo hizo jugando baloncesto. Cuando finalmente se graduó, tomó la decisión de trabajar en lugar de buscar oportunidades en el baloncesto . Sabía que era un buen basquetbolista, pero que le iría mejor como hombre de negocios. Trabajó en varias empresas incluyendo Fed Ex, como analista financiero.

Después de trabajar para esas compañías durante unos pocos años Dave decidió comenzar su propio negocio. Durante los siguientes años enfrentó situaciones difíciles, pero nunca perdió su fe. Hasta tuvo que devolverle su carro al concesionario y casi se va a bancarrota, pero se rehusó a darse por vencido y continuó confiando en Dios. Debido a su capacidad de trabajo y al poder de sus oraciones logró que su empresa creciera de manera lenta y segura. El año pasado reportó unos ingresos que exceden los $6.5 billones de dólares. Adicionalmente, *Fortune Magazine* ha ubicado a su compañía entre "uno de los 100 mejores lugares para trabajar en Estados Unidos".

Dave fue invitado hace poco a ser parte de Horatio Alger Association. Él manifiesta que su fe en Dios fue el secreto de su éxito. En su libro *Doing Business By the Good Book* Dave expone su filosofía sobre la vida y los negocios la cual consiste en que ¡él fue puesto sobre esta tierra para servir a los demás! Él ve su empresa como su púlpito para dar a conocer ¡el impacto y poder de la Palabra del Señor!

Dave Stewart nos dice lo siguiente:

1. Dios espera lo mejor de ti. Debes saber que, cuando des lo mejor de ti, serás bendecido.

2. ¡Busca servirles a los demás y buenas cosas ocurrirán en tu vida siempre!

3. Mira todo lo que te ocurre en la vida como bendiciones, incluso los retos. ¡Es a través de ellos que crecemos!

4. No es fácil construir un negocio exitoso y una vida exitosa, pero de la misma manera en que el acero debe pasar por el fuego para endurecerse, cada persona debe pasar por el fuego para sacar de sí lo mejor.

5. Debes convertir tus palabras en acciones. Dave dijo que quería tener una enorme y próspera empresa cuando se encontraba ¡en medio de dificultades y sin dinero!

6. Todos tenemos una medida de fe, pero muchos no la usarán. Ese es un gran error. La fe debe ser puesta en acción y promulgada, y te dará máximos resultados.

7. No te enfoques en las circunstancias actuales, sino mira las posibilidades que tienes con los ojos de la fe.

8. Nuestras decisiones traen consigo consecuencias y por lo tanto debemos aprender a tomar decisiones sabias.

9. Nuestra mejor marca es el nivel de confianza que le aportemos al mercado. Por lo tanto, debemos ser sinónimos de excelencia y valores para nuestros clientes.

10. Define desde el principio en quién te quieres convertir y en qué causa quieres defender. Luego, promueve tus valores y sé fiel a ellos.

Capítulo Siete: Chris Gardner, el constructor de felicidad y fortuna

Chris Gardner es empresario, autor *bestseller*, filántropo, aclamado conferencista, y lo más importante: un padre amoroso. Chris es el autor de *En busca de la felicidad*, una autobiografía que pasó a convertirse en el libro #1 del *New York Times* y en una taquillera película que protagonizó Will Smith, quien recibió el Golden Globe, Screen Actors Guild y nominaciones al Academy Awards.

Antes de su éxito, Chris Gardner era un esposo y padre trabajador que debido a circunstancias adversas terminó sin hogar y a la vez siendo el padre solitario de su pequeño hijo. Negándose a renunciar a su hijo y a sus sueños, Chris ascendió por la escalera financiera comenzando desde bien abajo, desde trabajar como practicante hasta trabajar de lleno para Dean Witter Reynolds y Bear Stearns antes de decidirse a fundar su propia firma de corretaje y llegar a convertirse en multimillonario.

Chris Gardner, el constructor de felicidad y fortuna, compartió estas claves del éxito:

1. Hay un precio que pagar por el éxito, y no tiene nada que ver con dinero. El precio es trabajar duro.
2. Haz el compromiso de convertirte en alguien de talla mundial en lo que sea que hagas. No bueno. No muy bueno. ¡De talla mundial!
3. Tu futuro está determinado por las decisiones que tomes hoy, ¡así que toma decisiones sabias consistentemente!
4. A donde sea que llegues, tú eres el responsable de haber manejado hasta allí. Y si no te gusta donde llegaste, ¡maneja hasta donde realmente quieres llegar!
5. La caballería no va a llegar a salvarte, ¡tú debes convertirte en tu propia caballería!
6. No puedes cambiar algo hasta que no seas el dueño, y una vez tú seas el dueño, ¡dedícate a arreglarlo para que te funcione!
7. Comprométete a seguir tu Plan A y a trabajar para que te funcione. Ni siquiera pienses en contemplar el Plan B porque, si ese Plan B fuera realmente bueno, ¡sería el Plan A!
8. Para ser exitoso debes tener una mente clara, un plan conciso y estar comprometido a hacer que las cosas ocurran; ¡y además debe ser consistente en tus esfuerzos!
9. ¡Rodéate de gente positiva y comprometida con la excelencia!

10. ¡Sigue aprendiendo y sigue creciendo! Aprende de la vida, invierte en buenos libros, en gente extraordinaria, en experiencias engrandecedoras, ¡y deja que el mundo sea tu salón de clases!

Capítulo Ocho: Capitán Charlie Plumb, el héroe adinerado

Charlie Plumb es graduado de The United States Navy Academy y se convirtió en un piloto combatiente condecorado, con 74 misiones en Vietnam. En su misión #75, cinco días antes de que su recorrido llegara a su fin, Charlie fue derribado y convertido en prisionero de guerra. Durante seis años, Charlie fue torturado y mantenido como PDG. Cuando finalmente fue liberado, se fue a casa solo para enterarse de que su esposa se había divorciado de él hacía tres meses y se había comprometido para casarse con otro hombre.

Charlie dice que había podido elegir tomar venganza, enojarse y llenarse de amargura. Pero en lugar de eso, eligió ser mejor y se enfocó en mantener una mente positiva. Y como resultado de no haber tomado la venganza como su camino… pudo continuar adelante. Charlie decidió comenzar un negocio como conferencista. Además, se casó con una mujer maravillosa y tienen dos hijos estupendos. Actualmente, Charlie viaja por todo el mundo contando su historia sobre cómo hizo para ganarle a la adversidad. A la fecha, se ha dirigido a más de 5.000 audiencias y fue invitado a ser parte de The National Speakers' Association Hall of Fame.

Durante su inspiradora presentación Charlie cuenta la historia de su sobrevivencia como prisionero de guerra en Vietnam, de su solitario confinamiento durante seis años, de sus rutinarias torturas, de cómo se sobrepuso a la soledad, al temor, al dolor y la depresión, y de cómo otros también pueden lograrlo sin importar qué tan difíciles sean las circunstancias en que se encuentran. Charlie Plumb utiliza su historia para ayudarles a otros a sobreponerse a la adversidad y crecer por encima de sus límites, ya sean impuestos por otros o por sí mismos. Le ayuda a la gente a echar mano de su fortaleza interna y de su esperanza hasta conseguir construir una vida exitosa y al máximo de las capacidades de cada quien.

Estas son algunas de las claves que el Capitán Charlie Plumb, el héroe adinerado, compartió durante su poderosa entrevista:

1. ¡No podemos desperdiciar las circunstancias adversas que hemos tenido que enfrentar! Es a través de ellas que crecemos y triunfamos.

2. Dentro de una derrota encontramos dispersas las piezas del rompecabezas del éxito.

3. Lo más terrible de ser prisionero de guerra no fue la tortura física. Fueron la duda y el temor que atacan la mente. Mucha gente va por ahí libre, pero sintiéndose presa de sus propios temores.

4. Debes estar dispuesto a buscar y encontrar esperanza, incluso en situaciones desesperanzadoras. Siempre hay una salida. Mantente positivo y nunca te rindas.

5. Ya sea que pienses que eres un ganador o un perdedor, ¡estás en lo cierto! Por lo tanto, conserva una mentalidad de ganador sin importar las circunstancias. Aleja de tu mente los pensamientos de perdedor.

6. Necesitas tener fe para atravesar esos momentos en los que no encuentras esperanzas. Con fe recargarás tu esperanza una y otra vez y saldrás de la oscuridad para emerger a la luz de la victoria.

7. A veces necesitamos no orar a Dios para que mueva la montaña. En lugar de eso, hay ocasiones en las que debemos

orar a Dios para que nos dé la fortaleza de escalar esa montaña.

8. Ora para lograr encontrar valor en todo. Si no lo hallas, convertirás tu dolor a corto plazo en un dolor interminable y en aumento. Por lo tanto, procura no solo atravesar las malas circunstancias, ¡sino crecer a través de ellas!

9. Deshazte de la mentalidad de "merecer" y reemplázala con la mentalidad de "lograr". Cuando quieres lograr tu propósito es cuando realmente trabajas, luchas y consigues todo lo que quieres.

10. Debes trabajar en tu mente y en tus pensamientos y determinar que cada día es una bendición y que no importa qué tan mala es la situación que atraviesas porque ¡todavía tienes una oportunidad para cambiar el estado de las cosas a tu favor!

Capítulo Nueve: Rudy Ruettinger, el pequeño gran pensador y constructor de fortunas

¡RUDY! ¡RUDY! ¡RUDY! Ese es el coro que escuchas al final de la inspiradora película *Rudy*, la historia del pequeño jugador de fútbol de Notre Dame que fue ejemplo de inspiración para su equipo a punta de coraje y determinación puesto que, después de vincularse al equipo, permaneció en la banca durante cuatro años completos. Sus compañeros se daban cuenta de que él jamás paraba de trabajar y rendir al máximo ni se dejaba vencer por el negativismo.

Durante el último juego de su carrera Rudy fue puesto en juego durante el último minuto del partido y él puso todo de sí para que su equipo ganara. En respuesta, sus compañeros lo honraron ¡sacándolo en hombros del campo! Su historia y su actitud de "Sí, yo puedo" se han convertido en una fuente de inspiración para millones de personas alrededor del mundo.

Para hacer la película *Rudy,* Rudy Ruettinger tuvo que sobreponerse a rechazo tras rechazo y a fracaso tras fracaso. Sin embargo, él no se dio por vencido y se propuso a tratar de conseguir fondos para su producción a pesar de seguir recibiendo portazos en la cara. Él simplemente siguió buscando y pidiendo ayuda hasta que en determinado momento ¡alguien le dijo que sí! Entonces él se dedicó a filmar su película y contarle su historia al mundo. Con el tiempo *Rudy* se ha convertido en la película inspiracional más exitosa de todas. De hecho, Kobe Bryant declaró que *Rudy* fue una de las herramientas clave para su éxito como basquetbolista. Rudy Reuttinger logró convertirse en un multimillonario exitoso hombre de negocios.

Estas son algunas de las grandes ideas que este pequeño gran pensador y constructor de fortunas, Rudy Reuttinger compartió en su inspiradora entrevista:

1. La llave para el éxito en la vida es tener un conjunto de valores, carácter, valentía, contribución y compromiso.

2. Una sola idea puede cambiar tu vida para bien o para mal, por lo tanto enfócate en tus buenas ideas ¡y aleja las malas!

3. Cometerás errores. Fracasarás. Pero fracasar no te hace un fracasado. Todo lo contrario: los fracasos te vuelven más fuerte y más sabio. Levántate, sacúdete el polvo e inténtalo otra vez hasta que los logres.

4. ¡Tú fe te sostiene en tiempos de crisis! Trabaja diariamente fortaleciéndola para que esté lista y preparada para cuando vengan los tiempos difíciles y necesites ponerla en práctica.

5. Sueña en grande. Prepárate y trabaja duro. Los sueños te preparan para cuando llegue el momento de gloria. ¡Aprovéchalos al máximo!

6. Está bien ser el que lleva las de perder. El 97% de los seres humanos es un candidato potencial para fracasar, pero si te rehúsas a ser un fracasado, ¡entonces serás un triunfador!

7. ¡La actitud positiva tiene el poder de cambiar tu vida!

8. Si no estás teniendo un día exitoso, cambia tus pensamientos ¡y cambiarás tu día!

9. ¡Haz lo que dices que vas a hacer y hazlo con excelencia!

10. ¡Nunca, jamás de los jamases renuncies a tus sueños! ¡Si puedes soñarlos, puedes lograrlos!

Capítulo Diez: Jim Stovall, el ciego de *Millionaire Map*

Jim Stovall fue un campeón olímpico de levantamiento de pesas y una estrella del fútbol universitario que tenía grandes expectativas y posibilidades de ser una estrella en los deportes. Como resultado de su éxito como deportista Jim se enfocó específicamente en los deportes y no en la escuela porque estaba convencido de que su destino era seguir la carrera como futbolista profesional. Sin embargo, durante un examen médico rutinario se dio cuenta de que estaba perdiendo la vista y quedaría ciego en corto tiempo. Jim no había desarrollado habilidades comerciales y estaba endeudado. De hecho, ya tenía un "balance negativo" es decir, ya estaba en quiebra.

Ese día Jim comenzó su camino de autodesarrollo y crecimiento personal. Se dedicó a encontrar entrenadores y mentores que pudieran dirigirlo hacia su meta de volverse millonario y todos ellos lo hicieron trabajar para desarrollar su intelecto y le dieron un programa de estudios bastante detallado que lo ayudaría a crecer. Él implementó toda esa información ¡y se dedicó a convertirse en un hombre de negocios multimillonario, escritor, conferencista y filántropo!

Hoy, Jim es el autor del éxito mundial en ventas *The Ultimate Gift*, el cual también se convirtió en una película popular hecha por 20th Century Fox. En su otro libro *bestseller, The Millionaire Map*, él cuenta sus lecciones de vida personales sobre cómo construir una fortuna. Además de escribir y dictar conferencias, Jim ha producido otras películas y dirige un canal de televisión ganador de un Emmy Award por estar enfocado en televidentes ciegos. En el 2000 Jim fue elegido International Humanitarian of the Year, habiendo estado nominado junto con Jimmy Carter y la Madre Teresa.

Estos son 10 consejos para triunfar que Jim Stovall, el ciego de *Millionaire Map* comparte en su entrevista:

1. La vida no es acerca de lo que pasa contigo, ¡sino de lo que hagas al respecto!

2. Mira el dinero como una herramienta que te permite hacer lo que amas. El dinero te da opciones y te permite vivir bajo tus propios términos.

3. El dinero magnifica todo. "Si amas que todo te marche bien, entonces el dinero te ayudará a que todo te marche mejor. Pero si amas hacer idioteces, el dinero te ayudará a hacer todavía más idioteces". Así que gana dinero y haz cosas buenas con él.

4. Nunca compres un mapa de alguien que no haya estado donde tú quieres ir. En lugar de eso, pídeles ayuda a aquellos que ya han estado allá.

5. La forma más rápida de obtener una fortuna es decidiendo que harás lo que sea necesario para obtenerla, siempre y cuando sea ético y legal. Luego, ponte a trabajar en tu meta.

6. Comenzar es la mitad de la batalla hacia el éxito. Recuerda que un plan pobremente ejecutado es mejor que un plan perfecto sin ejecutar.

7. Cambia tu mente y cambiarás tu vida. Tú tienes derecho a elegir tu camino. Estás a una decisión de calidad de lo que quieres lograr.

8. No permitas que pequeños obstáculos se conviertan en grandes obstáculos. No tener vista es difícil, ¡pero no tener visión es trágico! La vista te sirve para ver dónde estás, pero la visión es para ver hacia dónde irás y en quién te convertirás.

9. No puedes expandir tu cuenta bancaria hasta que expandas tu mente. Por lo tanto, invierte llenando tu mente de contenido informativo y motivador leyendo libros de autoayuda, escuchando lecciones en audio, asistiendo a seminarios en vivo y en video.

10. Ten presente este hecho: la gente pobre tiene televisores grandes y bibliotecas personales muy reducidas; en cambio, los billonarios también tienen grandes televisores, ¡pero bibliotecas personales GIGANTESCAS!

PENSAMIENTOS FINALES

Dr. Willie Jolley

ME SIENTO MUY FELIZ DE QUE hayas leído esta última parte del libro porque eso muy probablemente significa que leíste todo el libro. Me remonto a la época en la que comencé a leer muchos libros y con frecuencia me costaba trabajo terminarlos. Tomaba un libro y luego lo dejaba y jamás lo terminaba, pero un día leí uno desde el comienzo hasta el final y sentí una emoción muy grande. No solo me invadió un sentido de logro, sino que además aprendí que había perlas de las que me hubiera perdido de no haber leído el final de aquel libro. Y lo que es más importante, aprendí que el Willie Jolley que terminó de leer el libro no era el mismo Willie Jolley que comenzó a leerlo. Había crecido y me había convertido en alguien distinto. Desde ese entonces describo a ese Willie Jolley que terminó de leer aquel libro como una persona que tuvo ¡un "trasplante de cerebro" exitoso! Tomé la información que salió del cerebro del escritor y la trasplanté en mi cerebro, y por lo consiguiente me convertí en una nueva persona.

Me siento muy feliz de que hayas llegado al final de este libro y oro para que esta lectura y estas entrevistas al final del libro te hayan inspirado a pensar más en grande y más audazmente. Oro para que hagas algo magnífico con la información que has absorbido a través de estas páginas. ¡Sueña en grande y luego haz en grande! Haz un compromiso para tomar tus fracasos y convertirlos en una experiencia que te lleve a triunfar, y posteriormente a amasar una fortuna. Finalmente, oro para que compartas este libro y toda la inspiración que hayas recibido de él con otras personas que también quieran crecer debido a toda esta información. He aprendido que, cuando ayudas a alguien, te estás ayudando a ti mismo ¡porque lo que das es lo que recibes! Y es imposible poner perfume en otra persona sin que tú también recibas por lo menos un poquito de ese mismo perfume. Así que comparte este libro y estas entrevistas y ayúdales a otros a crecer así como tú has crecido.

Cierro con lo que me dijo aquel caballero en el avión aquella vez que me encontraba tan deprimido... "¡Mantén la fe! ¡Y recuerda que lo mejor de tu vida todavía está por llegar!" ¡Me despido de ti con ese pensamiento y con esa bendición para tu vida! ¡Lo mejor para ti viene en camino! Así que... ¡ve y vive tus sueños! Y recuerda que tus fracasos no son otra cosa que el escenario de grandes éxitos. ¡Conviértelos en dinero contante y sonante! ¡Y recuerda siempre que al ayudar a otros, te ayudas a ti mismo! ¡Dios te bendiga!

www.ingramcontent.com/pod-product-compliance
Lightning Source LLC
LaVergne TN
LVHW040615061026
849523LV00001B/180